Gegenseitiger Gruß: Als Franziskus nach der Morgensitzung der Bischofssynode am 6. Oktober 2014 die Synodenaula verlässt, steht der Schweizergardist stramm. Der Papst begegnet allzu steifen Gesten gern mit Humor.

Papst Franziskus besucht Ende Juni 2015 Benedikt XVI. in dessen Wohnung in einem ehemaligen Kloster im Vatikan, kurz bevor der emeritierte Papst in die päpstliche Sommerresidenz nach Castel Gandolfo abreist. Franziskus selbst kommt nur sehr selten nach Castel Gandolfo. Zu viel Luxus, befand er.

Auch für ein Selfie ist Papst Franziskus zu haben. Eine schöne Erinnerung für die Kinder an die Generalaudienz am 21. Januar 2015 in der Audienzhalle Paulo VI. im Vatikan.

Im August 2014 bei seiner Korea-Reise fährt der Papst wie so oft in einem schlichten Kleinwagen. Sobald er einsteigt, kurbelt er das Fenster weit herunter, um die Menschen besser begrüßen zu können.

Nein, Angst muss man vor dem netten Mann in Weiß nicht haben. Ein kleines Mädchen ist dem Papst bei der Generalaudienz ganz nahe gekommen und schaut ihn mit großen Augen an.

Seit dem Frühjahr 2015 ist die Illustrierte „Mein Papst“ auch an deutschen Kiosken erhältlich. 72 Seiten mit Fotostorys über Papst Franziskus, Rezepten, Berichten und Gesundheitstipps frei nach dem Motto: „Was gegen den Ischias des Papstes hilft, kann auch für andere Gläubige nicht schlecht sein.“

ROYALLIFE COLLECTORS' ISSUE
ROYAL LIFE
ALL THE NEWS YOU NEED
WIMPERN-EXTRA Pimp your Lashes!
S. 70-71
Pimp your Lashes!
Jessica Alba
Happy & fit durch Mental Power
Kardashian & Co
ulite-Frust!
Stars kämpfen
en Dellen
MEIN PAPST
Ausgabe-Nr. 05/2015
MEIN PAPST
DIE ERSTE ILLUSTRIERTE ÜBER PAPST FRANZISKUS
Jeden Monat NEU
Arbeit im Kardinalsrat
Der Pontifex und seine Kollegen
Zum Sammeln!
Das spannende Leben des Franziskus Teil 3
2 Poster mit Botschaft
Seine Hände sagen alles
So berührt Franziskus die Menschen
DIE SCHWEIZERGARDE

Die gegenseitige Sympathie ist offenbar groß: Leonore, die einjährige Enkelin der schwedischen Königin, findet sofort einen Draht zum Papst. Franziskus schenkt ihr ein Medaillon, das sie prompt in den Mund steckt. Der Geschmackstest zeigt aber: Es ist nicht besonders lecker.

Gemeinsame Busfahrt: In der Fastenzeit 2015 begibt sich Franziskus mit der Spitze der Kurie zu Fastenexerzitien in die Albaner Berge südlich von Rom. Bei der Busfahrt dorthin ist auch Zeit für einen Plausch.

Bei den Fastenexerzitien im Februar 2015 nimmt sich der Papst mit seinen Mitarbeitern eine Auszeit für Stille, Meditation und Gebet. Im kirchlichen Bildungshaus Casa Divin Maestro hat Franziskus keine herausgehobene Stellung. Ihm ist es ganz recht so.

Ich bin einer von euch!

Neue Anekdoten über Papst Franziskus

Ich bin einer von euch!

Neue Anekdoten über Papst Franziskus

benno

Fotonachweis
Cover: Stefano Spaziani
Bild 1-7: © picture alliance /dpa
Bild 8,9: © KNA-Bild

Bibliografische Information der Deutschen Nationalbibliothek
Die Deutsche Nationalbibliothek verzeichnet diese Publikation in der Deutschen Nationalbibliografie; detaillierte bibliografische Daten sind im Internet über http://dnb.d-nb.de abrufbar.

ISBN 978-3-7462-4452-5

Texte: Stefanie Heckl, Leipzig
Umschlaggestaltung: birq design, Leipzig
Gesamtherstellung: Kontext, Lemsel (A)

Inhalt

I. Viel Sport und eine weite Reise

Wir haben einen fantastischen Papst.
Ich bin ein Fan von Franziskus!
Diego Maradona, Fußballstar

Der Heilige Vater ist ein Mann
von außergewöhnlicher Schaffenskraft
und lateinamerikanischem Schwung.
Erzbischof Georg Gänswein

Singen mit der „Samba-Schule“

Die Einigkeit der Christen ist für Papst Franziskus ein wichtiges Anliegen. Dabei geht er immer wieder auf andere zu, auch auf die charismatische Bewegung. Bereits Anfang 2014 hatte er mit einer Videobotschaft an Teilnehmer einer Konferenz der Pfingstgemeinden überrascht. Im Juni 2014 ist er dann erstmals selbst beim Jahrestreffen der charismatischen katholischen Gemeinschaft „Rinnovamento nello Spirito Santo“ im Olympiastadion in Rom dabei.

52.000 Menschen aus ganz Italien haben sich im Stadion versammelt, wo sonst die einheimischen Fußballklubs Lazio Rom und AS Roma spielen. Franziskus gesteht, dass er den Charismatikern in Buenos Aires anfangs eher skeptisch gegenüberstand: „Ich sagte über sie: ‚Die scheinen eine Samba-Schule zu sein!‘ Ich konnte mit ihrer Art zu beten nichts anfangen.“ Inzwischen hat er diese Meinung gründlich geändert und sieht „das Gute, das die Charismatische Erneuerung für die Kirche tut“. Im Olympiastadion singt er eins der Lieder „Vive Gesù, il Signore“ besonders inbrünstig mit, das er schon mit den Charismatikern in Argentinien gern gesungen hat. Und als die Gläubigen den Heiligen Geist auf ihn herabrufen, kniet er sich hin. Dann warnt er vor Machtkämpfen, denn die Einheit kommt vom Heiligen Geist, so Franziskus.

Immer wieder Fußball

Ein sportliches Großereignis macht im Sommer 2014 auch vor den Toren des Vatikans nicht halt: die Fußball-WM. Auch wenn Papst Franziskus Einladungen zum gemeinsamen Fußball-Gucken stets ausschlägt und sich auch sonst völlig neutral äußert, so ist seine Leidenschaft für das runde Leder natürlich längst bekannt. Inzwischen hat er von diversen Fußballklubs so viele T-Shirts geschenkt bekommen, dass er mehrere Mannschaften damit einkleiden könnte. Tragen wird er wohl keines davon.

Immerhin: Dass die Fußball-WM mit einer besonderen Geste vor dem Eröffnungsspiel beginnt, ist die Idee des Papstes. Wichtig ist ihm dabei, dass ein Zeichen des Friedens gesetzt wird. Die Idee entstand bei einer kurzen Privataudienz mit dem Präsidenten des Weltfußballverbandes Sepp Blatter. „Franziskus wollte, dass man einen Olivenbaum auf dem Feld einpflanzen sollte. Das darf man aber wegen der Fifa-Regeln nicht machen“, berichtet Blatter. „Dann sagte er, dass wir doch eine Friedenstaube fliegen lassen sollten. Und das wird nun auch gemacht.“ Tatsächlich steigt vor dem Eröffnungsspiel zwischen Brasilien und Kroatien dann eine Friedenstaube vom Spielfeld aus in den Himmel.

Papstbotschaft zur WM

Eine weitere Besonderheit zur WM: Papst Franziskus wendet sich mit einer Videobotschaft an alle Teilnehmer, Fans und Zuschauer. Die Botschaft wird am Vorabend der Eröffnung im brasilianischen Fernsehen gesendet. Franziskus ruft die „lieben Fußballfans“ dazu auf, die WM zu einem „Fest der Solidarität unter den Völkern“ zu machen. „Der Sport ist die Schule des Friedens“, sagt er und erklärt auch gleich, was beim Fußball ebenso wie beim Bemühen um Frieden in der Welt wichtig ist: erstens das Training, zweitens Fair-Play und drittens der Respekt füreinander, also auch für den Gegner.
Und Franziskus betont eine weitere Parallele zwischen dem Fußball und dem wahren Leben: Einzelgänger können nicht gewinnen: „Niemand gewinnt alleine, weder auf dem Platz noch im Leben! Niemand darf sich isolieren oder sich ausgeschlossen fühlen! Ja, am Ende dieser Weltmeisterschaft hebt nur eine Nationalmannschaft den Pokal als Sieger in die Höhe, aber wenn wir die Lehren, die der Sport uns gibt, annehmen, dann sind wir alle Sieger und stärken die Bande, die uns einen.“

Franziskus wird „Kapitän“

Besonders sportlich wird es bei einem Treffen von Papst Franziskus mit 50.000 Sportlern des Italienischen Sportzentrums CSI (Centro Sportivo Italiano). Der Petersplatz wird zu einem großen Sportplatz mit mehreren Spielfeldern. Auch der Papst bekommt einen Ball in die Hand gedrückt, und ein paar Basketballspieler zeigen ihm, wie er diesen auf einem Bleistift balancieren kann.
Franziskus wird von den Organisatoren kurzerhand zu ihrem „Kapitän“ ernannt. Daraufhin gibt er den Sportlern gleich eine Botschaft mit auf den Weg: „Als euer Kapitän sporne ich euch an, nicht in der Verteidigung zu spielen und zu mauern, sondern im Angriff zu spielen, gemeinsam unser Spiel zu spielen: das Spiel des Evangeliums.“ Auch bei diesem Spiel sei es wichtig, „sich nicht mit einem mittelmäßigen ‚Unentschieden‘ zufrieden zu geben“. An die Trainer der Sportvereine gewandt bittet er, nicht nur die Besten im Sport mitspielen zu lassen, sondern allen eine Chance zu geben.

Mafiosi exkommuniziert

Es ist ein Paukenschlag. Und sofort beginnen die Diskussionen: Ist das eine gültige Exkommunikation? Kann das der Papst einfach so machen? Tatsache ist: Deutlicher hätte die Botschaft von Franziskus bei seinem Besuch in Kalabrien kaum sein können: „Jene, die in ihrem Leben diesem Weg des Bösen folgen, wie die Mafiosi, stehen nicht in Gemeinschaft mit Gott: Sie sind exkommuniziert!" Die Worte fallen während einer Predigt beim Pastoralbesuch im Bistum Cassano allo Jonio. Die strukturschwache Region hat seit Jahren mit der Mafia zu kämpfen. Hier hat die Mafia scheinbar überall ihre Finger im Spiel. Oft genug auch in der Kirche. Laut katholischem Kirchenrecht können nicht ganze Gruppen von Menschen exkommuniziert werden, sagen die einen. Es gibt verschiedene Arten der Exkommunikation im Kirchenrecht, sagen die anderen, und im Fall der Mafia hätte es einen Urteilsspruch des Papstes nach einem ordentlichen Prozess geben müssen. Wieder andere verweisen darauf, dass allein die Mitgliedschaft in der Mafia die Exkommunikation nach sich ziehe, wie es die sizilianischen Bischöfe 1994 in einem Pastoralpapier festgehalten haben. Ob Papst Franziskus die kirchenrechtlichen Details vorher bedacht hat? Sicher ist: Seine Worte bleiben im Gedächtnis und ermutigen die Menschen, die der Mafia Widerstand leisten.

Des Kaisers neue Kleider

„Diese Wirtschaft tötet." An diesen Satz aus dem Apostolischen Schreiben „Evangelii Gaudium" fühlt man sich häufig erinnert, wenn Papst Franziskus die Auswüchse des Kapitalismus kritisiert. Immer wieder prangert er an, dass das Wirtschaftssystem nicht den Menschen diene, sondern dass es das Geld in den Mittelpunkt stellt. Ausbeutung und Hunger sind die Folgen. Im Juni 2014 spitzt er diese Kritik in einem Interview mit der spanischen Zeitung „La Vanguardia" noch stärker zu: Das weltweite Wirtschaftssystem bezeichnet er darin als „unerträglich". Damit es fortbestehen kann, werden Kriege geführt, denn der Verkauf von Waffen ist für führende Wirtschaftsnationen eine wesentliche Einnahmequelle. Solche Worte sind natürlich schwer zu schlucken. Kritiker werfen Papst Franziskus gern Naivität vor. Er klinge beinahe wie ein Kommunist oder Marxist Anfang des 20. Jahrhunderts, sagen sie.

Dennoch bekommt der Papst Unterstützung ausgerechnet vom britischen „Economist", einer der wichtigsten Wirtschaftszeitungen. Dort meint man, auch wenn der Papst kein Wirtschaftswissenschaftler sei und keine präzisen Analysen oder gar Lösungen biete, so habe er doch eine verlässliche Intuition und stelle die richtigen Fragen. „Wie der kleine Junge im Märchen, dem auffällt, dass der Kaiser nackt ist."

Verärgerte Waffenlobby

An einem ungewöhnlich heißen Tag Mitte Juni spricht Franziskus bei seiner wöchentlichen Generalaudienz eigentlich über die Gottesfurcht als Gabe des Heiligen Geistes. Dabei kommt er aber auch auf Themen wie Menschenhandel und Rüstungsindustrie zu sprechen. Waffenhersteller, was das eigentlich für ein Beruf sei, fragt er entrüstet. „Sie stellen den Tod her", fasst er prägnant zusammen.

Es ist nicht das einzige Mal, dass der Papst so deutlich gegen die Rüstungsindustrie wettert. Und er macht sich nicht nur Freunde damit. Besonders die US-Waffenlobby ist verstimmt. Immerhin hat der Papst ihnen unterstellt, keine guten Christen zu sein. Dabei gehört gerade in den USA die persönlich demonstrierte Frömmigkeit von Politikern zum guten Ton. US-Senator Marco Rubio, ein Unterstützer der Waffenlobby, betont beispielsweise, dass er den politischen Kurs des Papstes nicht teile. Die Außenpolitik der USA brauche nicht weniger militärische Aktionen. Nun ist Franziskus in den USA nicht nur als „Kommunist" verschrien, sondern auch noch als Pazifist.

„Das gibt Krieg"

Für den Vatikan ist es eine reizvolle Konstellation, dieses WM-Achtelfinale Argentinien gegen die Schweiz am 1. Juli 2014. Vor allem natürlich aus Sicht der Schweizergardisten. Sie treffen sich zum gemeinsamen Fußballschauen in ihrer Kaserne und laden an diesem Dienstagabend auch den Papst dazu ein. Vorher hatte er im Gästehaus Santa Marta noch mit den Schweizergardisten gescherzt und mit Blick auf die Partie gesagt: „Das wird Krieg geben." Und obwohl der Papst der Einladung dann doch nicht folgt, ist die Vorfreude im Vatikan groß. Bereits vor dem Anpfiff werden in den sozialen Netzwerken Karikaturen und lustige Fotomontagen verbreitet. Auf einer Karikatur, die auch der vatikanische Pressedienst verbreitet, sind jubelnde Schweizergardisten und ein grimmig dreinblickender Papst mit argentinischem Fanschal zu sehen.

Nach dem Spiel, bei dem Argentinien nur knapp und mit einigem Glück gewinnt, kursieren wilde Spekulationen darüber, inwieweit der Papst da möglicherweise seine Finger im Spiel gehabt haben könnte. Hat er gar heimlich seine Nationalmannschaft ins Viertelfinale gebetet? Das vermuten nicht wenige Argentinier, die kurz vor dem Ende der Nachspielzeit – es stand 1:0 für Argentinien – mit ansehen mussten, wie der Schweizer Blerim Dzemaili den Ball per Kopfstoß in Richtung argentinisches Tor kickte. Der Ball traf den rechten Pfosten, prallte dann zurück ans Schienbein des Schützen und von dort ins Aus. Argentinien gewann und die Zeitung „Olé“ sprach daraufhin vom „Palo de Dios“, dem Pfosten Gottes.

Duell der Päpste

Von den Medien wird es geradezu zum Duell der Päpste hochstilisiert: das Endspiel der WM zwischen Argentinien und Deutschland. Einiges Wunschdenken ist natürlich dabei, wenn darüber spekuliert wird, wie Franziskus und Benedikt gemeinsam das Spiel sehen und dabei mit der jeweiligen Mannschaft mitfiebern. Die Realität sieht anders aus. Tatsächlich sieht keiner der beiden das Spiel live, wie Georg Gänswein zu berichten weiß. Und in kämpferischer Stimmung ist Franziskus nur bedingt. Er regt stattdessen eine „Pause für den Frieden“ an, eine weltweite Waffenruhe für den Tag des Finales beziehungsweise eine Pause der Stille. Auf Twitter schreibt er dazu: „Die Weltmeisterschaft führte Menschen verschiedener Länder und Religionen zusammen. Möge der Sport stets die Kultur der Begegnung fördern.“

Für beide Mannschaften wird im Vatikan an diesem Tag trotzdem gezittert: Auf der einen Seite drücken im Kloster Mater Ecclesiae Georg Gänswein und die Haushälterinnen von Benedikt XVI. die Daumen für das deutsche Team, auf der anderen Seite fiebert eine Gruppe von argentinischen Fans zusammen mit dem argentinischen Papst-Sekretär Don Fabio mit der Albiceleste.

Drei Stunden Zuhören

Es ist das erste Treffen von Papst Franziskus mit Missbrauchsopfern: Am 7. Juli 2014 sind die sechs Männer und Frauen aus Deutschland, England und Irland bei der Morgenmesse dabei. Der Papst bittet in seiner Predigt um Vergebung. Nach einem gemeinsamen Frühstück nimmt er sich dann Zeit – ganze drei Stunden lang – und hört einfach zu. Danach schildert ihn Vatikansprecher Federico Lombardi als „erschöpft und erschüttert“. Die Betroffenen seien dankbar für diese Art des Zuhörens gewesen. Ein formales Treffen hätte sicher viel kürzer gedauert. Ein Jesuit und Psychologieprofessor, der die beiden Deutschen begleitet, meint: „Das ist auch eine starke und deutliche Aufforderung an Bischöfe, es ihm gleich zu tun und sich die Zeit zu nehmen.“

Kein edles Tafelservice

Eine schöne Tradition geht zu Ende: Seit Jahrzehnten lieferte die Firma Villeroy & Bosch ein eigens für den Papst angefertigtes Kaffee- und Tafelservice aus feinstem Knochenporzellan mit dem jeweiligen päpstlichen Wappen verziert. Aus 224 Teilen besteht die Sonderanfertigung. Die traditionsreiche Firma aus dem Saarland hatte nun angeboten, für Papst Franziskus ein ebensolches Service anzufertigen. Doch der Papst lehnt ab, obwohl Villeroy & Bosch nicht einmal eine Rechnung für das edle Service gestellt hätten. Aufsichtsratschef Wendelin von Boch-Galhau verbirgt eine leichte Enttäuschung, äußert aber Verständnis. Zur bekannten Bescheidenheit des Papstes hätte das Knochenporzellan vielleicht doch nicht so gut gepasst.

Der zweite Streich

Er hat es schon wieder getan, stöhnen versierte Journalisten und schütteln entgeistert die Köpfe. Bereits im Oktober 2013 überraschte der Journalist und Kirchenkritiker Eugenio Scalfari in der von ihm gegründeten linksliberalen Zeitung „La Repubblica“ mit einem langen Papst-Interview.

Wenige Tage später räumte er ein, dass es kein Interview im klassischen Sinne war: Er hatte keine Aufzeichnungen gemacht – weder Tonbandaufnahmen noch handschriftliche Notizen –, sondern alles aus dem Gedächtnis wiedergegeben, auch das, was er als angeblich wörtliche Zitate Papst Franziskus in den Mund legt.

Im Juli 2014 folgt also ein neues „Interview" in der gleichen Vorgehensweise. Dass der immerhin 90-jährige Scalfari sich bei einem über einstündigen Gespräch so ausschließlich auf sein Gedächtnis verlässt, ist für Journalisten kaum nachvollziehbar. Lernt man doch gleich zu Beginn der Ausbildung, Interviews zu dokumentieren. Immerhin geht es um heikle Themen wie Kindesmissbrauch, die Mafia und den Zölibat. Da möchte man schon wissen, was der Papst genau gesagt hat. Zum Thema Mafia etwa sagt Franziskus (vermutlich), dass er nicht genau verstehe, wie die Mafia funktioniert, dass er aber Bücher darüber lese und dass die Verurteilung der Mafia durch die Kirche kein einmaliges Ereignis bleiben werde. Und zum Thema Zölibat: „Es gibt Lösungen, und ich werde sie finden."

„Heiliger Vater, könnten Sie bitte das Salz rüberreichen?“

In der Vatikanmensa sitzen an langen Tischen und auf einfachen Holzstühlen sonst die Arbeiter des Vatikans: vor allem Techniker und Handwerker, Elektriker, Klempner, Schlosser ... Der Chef persönlich ist hier noch nie vorbeigekommen. Entsprechend überrascht sind die Mitarbeiter, als an diesem Freitagmittag im Juli 2014 plötzlich der Papst auftaucht, ein Tablett und Besteck nimmt und sich in die Schlange einreiht. Es gibt Fisch, und Franziskus wählt dazu Pasta, Gemüse, einen Apfel und eine Flasche stilles Mineralwasser und setzt sich zu einer Gruppe von Lagerarbeitern der Vatikan-Apotheke an den Tisch. Er bleibt lange, unterhält sich mit den Menschen. Sie berichten von ihrer Arbeit, er erzählt von den italienischen Wurzeln seiner Familie. Auch sonst sind es ganz normale Gesprächsthemen – Fußball, Wirtschaft und ähnliches – bis sie der Papst zum Schluss alle segnet.
Die Mitarbeiter der Kantine können es kaum fassen. Die Kassiererin traut sich gar nicht, ihm die Rechnung zu geben, und der Leiter, Franco Paìni, berichtet: „Es war eine echte Überraschung! Wer wartet schon auf so etwas? Der Papst kommt, um bei uns zu essen?! Er hat uns völlig auf dem falschen Fuß erwischt, aber es war eine der größten Genug-

tuungen, die dir passieren können ... Wir wurden ihm vorgestellt, er hat gefragt, wie es uns geht und wie die Arbeit ist, dann hat er uns gelobt ... es war ganz wunderbar. Bitte entschuldigen Sie, ich bin noch ganz aufgewühlt!“

In der Höhle des Löwen

„Feuerland“ (Terra dei Fuochi) wird die Gegend zwischen Caserta und Neapel auch genannt, weil hier Hunderte illegaler Mülldeponien brennen. Betrieben von der Mafia, die in dieser Gegend das Sagen hat. Seit den 1970er Jahren gibt es die Deponien. Industriemüll, toxischer und angeblich auch radioaktiver Müll verseucht hier die Umwelt. Die Bauern werden von der Mafia gezwungen, Industrieschlamm auf ihre Felder zu kippen. Nun kommt der Papst. Anlass für die Reise am 26. Juli 2014 ist das Patronatsfest des Bistums Caserta. Der Besuch ist für die Bevölkerung vor allem ein Hoffnungszeichen. „Hier sind viele Dinge in der Erde begraben“, sagt der Bischof Giovanni D’Alise.

Es ist ein verregneter Sommer in Süditalien. Hunderttausende Besucher schützen sich mit Regenumhängen und Schirmen gegen Regengüsse. Doch dann, als Papst Franziskus mit der Messe beginnt, kommt plötzlich die Sonne hervor. Als er die Menschen ermutigt, „nein zu sagen zu jeder Form der Korruption und Gesetzeslosigkeit“, applaudieren sie. Den Besuch in der Höhle des Löwen übersteht Franziskus – vielleicht auch dank der erhöhten Sicherheitsvorkehrungen – unbeschadet.

Sensationelle Vergebungsbitte

Bereits zwei Tage nach der Reise nach Caserta besteigt Franziskus erneut den Helikopter und fliegt noch einmal in die Stadt. Er möchte einen alten Freund aus Argentinien besuchen: den evangelikalen Pastor Giovanni Traettino. Was jedoch als rein private Reise angekündigt war, wird viel mehr. Die Freundschaft der beiden hatte bereits 1998 in Buenos Aires begonnen. Nun wollen sie gemeinsam ein konkretes Zeichen der Ökumene setzen. Bei der Begegnung mit 200 Mitgliedern der Pfingstgemeinde bittet der Papst um Vergebung für die Verfolgung der Pfingstgemeinden durch Katholiken. In Rom galten die Charismatiker lange Zeit als Sekte. Ein wichtiger Schritt für die Ökumene, finden nicht nur die Medien. Traettino würdigt den Einsatz des Papstes: „Sie haben sich nicht mit einem Dokument begnügt. Sie sind persönlich gekommen.“ Passenderweise war der Ort der Begegnung die Versöhnungskirche.

Wie warme Semmeln

Papst Franziskus als Sympathieträger? – Na klar. Dass das funktionieren würde, da waren sich die Pressemitarbeiter von missio sicher. Für ihre Kampagne „Religionsfreiheit ist Menschenrecht" ließen sie im Sommer 2014 dann auch das Konterfei des Papstes im Großformat abdrucken: drei mal fünf Meter groß blickt er daraufhin von über 700 Kirchen auf Deutschland herab. „Dass der Papst dieses Positive ausstrahlt, dass er gleichwohl feste Meinungen hat und trotzdem diskutiert und auch Positionen einnimmt und Farbe bekennt, das fasziniert die Menschen in Deutschland", meint der Leiter der missio-Presseabteilung Johannes Seibel. Und tatsächlich sind die Großplakate rasch vergriffen. Mit so einem Papst schmücken sich offenbar viele Kirchen gern.

10 Tipps für ein glückliches Leben

Lebenshilfe vom Papst: In einem Interview im Juli 2014 mit der argentinischen Wochenzeitung „Viva" gibt Papst Franziskus zehn Tipps für ein erfülltes Leben. Als wichtigstes Prinzip nennt er die Gelassenheit. „Leben und leben lassen" heißt deshalb gleich sein erster Tipp. Das sei der erste Schritt zu Frieden und Glück. Auch wichtig: die Freizeitkultur pflegen, also sich Zeit nehmen für Kunst und Literatur oder fürs Spielen mit den Kindern. Und zu guter Letzt betont Franziskus, dass es zum Glücklichsein nicht ausreicht, entspannt die Füße hochzulegen. Die Natur schützen und für den Frieden arbeiten gehören ebenfalls zum Glücksrezept des Papstes. Und da ist aktiver Einsatz gefragt, denn „Friede ist niemals ruhig, der Frieden ergreift immer die Initiative und ist dynamisch."

Papstmesse auf Deutsch

Im August 2014 erobern 50.000 Ministranten aus ganz Deutschland Rom; überall trifft man Deutsch sprechende Gruppen. Es ist Ministrantenwallfahrt. Höhepunkt der viertägigen Wallfahrt ist eine Vesper mit Papst Franziskus auf dem Petersplatz. Und die Überraschung: Er hält die kurze Predigt auf Deutsch – zum ersten Mal in seinem Pontifikat. Die Sprache hat er bei einem längeren Studienaufenthalt in Deutschland in den 1980er Jahren gelernt, und er spricht zwar mit unverkennbarem Akzent, aber sehr gut verständlich.
Im Anschluss dürfen ihm die Minis Fragen stellen. Da antwortet er aber doch auf Italienisch und ver-

lässt sich lieber auf Dolmetscher. Fremdsprachen sind nicht so ganz seine Stärke. Als einer der Minis nach Tipps fragt, wie er den Ministrantendienst und seine Hobbys unter einen Hut bringen kann, meint Franziskus: „Da muss man sich ein bisschen organisieren, die Dinge in ausgewogener Weise planen ... aber ihr seid Deutsche, und das klappt bei euch!"

Improvisation in Südkorea

Wenn sich der Papst auf Auslandreisen begibt, dann ist strenge Organisation nötig. Erst recht wenn das Reiseziel Südkorea heißt. Es ist ein diplomatisch glattes Parkett. Der Nachbar Nordkorea schießt kurz vor der Landung des päpstlichen Flugzeugs gleich mal ein paar Kurzstreckenraketen ab. Als Raketentest wird das Imponiergehabe offiziell dargestellt. Doch einschüchtern lässt sich Franziskus sowieso nicht. Er bleibt seiner gewohnt offenen und spontanen Art treu und durchbricht auch hier ab und an das Protokoll. An einem Abend besucht er spontan die Jesuiten-Universität in Seoul, trifft sich mit Studenten und Lehrkräften. Die sind völlig überrascht, als plötzlich ein Hubschrauber mit dem Papst vor der Universität landet. Nachdem er sich mit gefühlt Hunderten von Menschen hat fotografieren lassen, bittet er sie, „Menschen des Trostes und des Beistandes" zu sein.

Noch ein Franziskus

Der Papst-Besuch wird von einem Fährunglück überschattet, das bereits einige Wochen zurückliegt. Über 300 Menschen, darunter vor allem Jugendliche, waren beim Untergang der südkoreanischen Fähre „Sewol" ums Leben gekommen. Franziskus trifft sich mit Angehörigen der Opfer, einer von ihnen, der 56-jährige Lee Ho-jin, bittet ihn dabei um die Taufe. Darauf hatte er sich bereits vor dem Tod seines Sohnes vorbereitet. Nun findet die Taufe in einem kleinen, sehr persönlichen Rahmen statt. In der Kapelle der Vatikanbotschaft in Seoul tauft und salbt Franziskus Lee Ho-jin persönlich, ein koreanischer Jesuitenpater übersetzt. Der Taufname: Franziskus.

„Ich habe schwierig"

Fremdsprachen sind zugegebenermaßen nicht die größte Stärke von Franziskus. Meist verständigt er sich auf Italienisch oder Spanisch. Mit Englisch und Deutsch kommt er immerhin einigermaßen gut zurecht. Ein Hindernis für die Verständigung in Südkorea ist das aber nicht. Seine Reden sind auf Englisch vorbereitet, und wenn er von der vorbereiteten Rede abweicht, nimmt er Mimik und Gesten zu Hilfe.

Bei einem Glaubensgespräch mit Jugendlichen müht er sich damit ab, ein paar Sätze frei auf Englisch zu formulieren, und sagt, bevor er wieder ins Italienische wechselt, mit einer gewissen Selbstironie: „I have a great difficult. I have a poor English“. Das erinnert ein wenig an Trapattonis „Ich habe fertig“. Die Anspannung löst sich in Heiterkeit auf.

Franziskus-Effekt auf Koreanisch

Was bei uns als Franziskus-Effekt bezeichnet wird, hat seit der Koreareise auch einen schönen koreanischen Namen: „Gong-Gam-Stil“. Wörtlich übersetzen kann man das kaum, höchstens umschreiben: Es ist die Fähigkeit, in eine Gemeinschaft mit anderen zu treten. Einfühlungsvermögen gehören dazu, aber auch Talent zur Kommunikation. Die koreanischen Medien sind begeistert von Franziskus und meinen sogar, dieser Papst könne „Koreas Wunden heilen“. Interessanterweise gelten für den Franziskus-Effekt also keine Sprachgrenzen, und auch Mentalitätsunterschiede halten ihn nicht auf. Er ist nicht einmal, obwohl Kommunikation das Schlüsselwort ist, an Fremdsprachenkenntnisse gebunden. Irgendwie scheint doch der Heilige Geist dahinter zu stecken.

Die Blumen eines kleinen Mädchens

Wie nach jeder Reise geht Franziskus gleich nach der Rückkehr nach Rom noch in die Kirche Santa Maria Maggiore, um dort zu beten. Der Muttergottes dankt er dabei für den guten Verlauf der Korea-Reise mit einem Strauß Blumen. Eigentlich sollten das Blumen in den Nationalfarben Koreas sein, doch Franziskus entscheidet sich spontan anders: Am Morgen der Rückreise hatte ihm ein kleines Mädchen einen Rosenstrauß geschenkt, als er die Nuntiatur von Seoul verließ. Die Begebenheit schildert Franziskus im Flugzeug den mitreisenden Journalisten und sagt: „Bringen wir der Muttergottes genau diese Blumen eines kleinen Mädchens aus Korea."

Urlaub zu Hause

Es ist für die mitreisenden Journalisten eine höchst spannende Stunde: die Pressekonferenz während des Rückflugs von Korea. Bei einem Papst, der Klartext redet, der bei vielen Dingen auf Reformkurs geht und sich auf politisch schwieriges Parkett begibt, sind die Überraschungen fast vorprogrammiert. Was hat er diesmal parat?

Die Journalisten stellen neben politischen Fragen auch persönliche. Und der Papst antwortet persönlich. Einen Amtsverzicht so wie sein Vorgänger Benedikt XVI. kann er sich selbst auch vorstellen. Franziskus hat sogar das Gefühl, sein Pontifikat werde nicht mehr lange dauern: „zwei oder drei Jahre, und dann... zum Haus des Vaters".

Als er darauf angesprochen wird, dass er keinen Urlaub mache und sich auch sonst kaum Pausen gönne, erklärt er, das sei eine persönliche Macke. Er mache Urlaub lieber zu Hause. Auch Buenos Aires habe er seinerzeit kaum verlassen. Und wie sieht sein Urlaub aus? „Ich ändere den Rhythmus. Ich schlafe mehr, lese die Dinge, die mir gefallen, höre Musik, bete mehr ... Und das ist meine Erholung. Im Juli und einem Teil vom August habe ich das getan, und das ist gut so." Solche Macken müsse man liebevoll behandeln, scherzt Franziskus, also „ihnen jeden Tag Matetee geben".

Anruf in irakischem Flüchtlingscamp

Gleich nachdem Papst Franziskus von seiner Asien-Reise zurück ist, ruft er in einem Flüchtlingslager im Irak an. Die Not der Menschen dort, die vor dem Terror des „Islamischen Staates" fliehen, bewegt ihn schon länger. Bereits Anfang August

2014 ernennt er Kurienkardinal Fernando Filoni zum Sondergesandten für den Irak und schickt ihn mit einer Spende für schnelle Hilfe zu den Flüchtlingen im Irak. Nach einer Besprechung mit dem Papst meint Kardinal Filoni: „Am liebsten wäre Papst Franziskus, denke ich, selbst gefahren, um vor Ort inmitten der armen Menschen zu sein."

Auch bei der fliegenden Pressekonferenz ist der Irak Thema, und Franziskus betont, er sei bereit, in den Irak zu reisen. Er deutet an, dass hinter den Kulissen schon Vorbereitungen laufen. Noch während des Fluges erreicht den Papst auf abenteuerlichem Weg ein Hilferuf aus einem provisorischen Flüchtlingscamp im Norden Iraks: Ein Priester aus dem Lager hatte einen Brief per E-Mail an einen befreundeten Journalisten geschickt, der den Papst auf der Korea-Reise begleitet. Dieser druckt den Brief, in dem der Priester die Not der Flüchtlinge schildert, aus und überreicht ihn Franziskus während des Rückflugs.

Franziskus wartet nicht lange: Direkt am Morgen nach seiner Rückkehr ruft er den Priester an. Er ermutigt die verfolgten Christen und die freiwilligen Helfer, hört zu, segnet sie am Ende. Es ist – neben allem, was an diplomatischer Arbeit sonst noch geschieht – ein kleines, aber sehr persönliches Zeichen.

Ein Fußballmatch für den Frieden

Nach dem WM-Sommer wird es mit großer Spannung erwartet: das interreligiöse Fußballmatch für den Frieden in Rom. Einer der Organisatoren nennt es sogar „das eigentliche Finale der WM, in dem alle gewinnen".

50 aktuelle und frühere Top-Fußballer aus aller Welt treten dabei im römischen Olympiastadion gegeneinander an. Christen, Juden, Muslime, Hindus und Buddhisten sind darunter. Vor dem Spiel empfängt Papst Franziskus die Spieler und überreicht ihnen ein Olivenbäumchen, das als Zeichen des Friedens neben dem Spielfeld eingepflanzt werden soll. Sinn des Spiels: Der Dialog zwischen den Religionen soll über den Fußball populär gemacht werden. Als Fußballstars, gibt Franziskus den Spielern mit auf den Weg, hätten sie eine hohe Verantwortung, denn zahlreiche Fans schauen auf sie. Deswegen sollen sie Vorbild sein, „auf dem Spielfeld und außerhalb des Spielfeldes".

Kurz vor dem Anpfiff meldete sich Franziskus im Stadion mit einer Videobotschaft zu Wort, dann begann das Spiel, das ganz ohne gelbe oder rote Karten auskommt. Lionel Messi ist ebenso mit von der Partie wie Gianluigi Buffon und Diego Maradona.

Maradona, die „Hand Gottes“, schwärmt, „Ich finde es genial, dass es eine solche Initiative gibt, zumal andere, die es machen könnten wie die FIFA, es nicht tun. Dass es Papst Franziskus tut, ist wunderbar. Und ich will dabei sein.“

II. Wir sind eine Familie

Franziskus ist der Papst, der ernst macht
mit einer besonderen Aufmerksamkeit
für die Armen.
Er ist den Menschen unmittelbar zugewandt.

Annette Schavan

Ich bin Anfang der Achtziger
aus der Kirche ausgetreten,
aber ich könnte mir vorstellen,
dass ich Mitglied geblieben wäre,
wenn wir damals schon Papst Franziskus
gehabt hätten.

Wolfgang Niedecken, Sänger von BAP

„Ich habe das gesehen, als der Papst
mit seinen Gesprächspartnern sprach:
die Macht des Herzens.
Er sieht im anderen wirklich einen Bruder."

Kardinal Jean-Louis Tauran,
der Verantwortliche des Heiligen Stuhles
für den Dialog mit dem Islam

Erinnerung an den Großvater

Die Erinnerung an den Ersten Weltkrieg hundert Jahre nach dessen Ausbruch geht auch am Vatikan nicht spurlos vorbei. Papst Franziskus reist im September 2014 zur norditalienischen Gedenkstätte Redipuglia. Hier will er mit möglichst vielen Menschen für den Frieden beten. An der Messe nehmen 10.000 Besucher teil. Am Schluss des Gottesdienstes erhält Franziskus ein besonderes Geschenk: Es ist die militärische Kennkarte seines Großvaters. Giovanni Bergoglio gehörte zur Nachrichtentruppe der italienischen Armee und hatte nahe der Gedenkstätte gedient. Es ist ein Stück Erinnerungsgeschichte für den Papst mit den italienischen Wurzeln. Angesichts der schönen Landschaft, „wo die Kinder spielen und die Alten träumen“, sagt Franziskus: „Krieg ist ein Wahnsinn.“

Vom Papst getraut

Es ist eine gleich zwanzigfache Premiere: Zum ersten Mal als Papst nimmt Franziskus am 14. September 2014 eine Trauung vor oder, um genau zu sein, zwanzig Trauungen. Unter den Brautleuten sind ein Disc-Jockey, eine Kassiererin und einfache Angestellte. Die Paare stammen alle aus der Diözese Rom; sie werden drei Wochen vor Beginn der Familiensynode im Petersdom getraut. Aufhorchen lässt in diesem Zusammenhang, dass mehrere der Paare bereits länger zusammenleben oder Kinder aus früheren Beziehungen haben. Auch unterschiedliche Altersstufen sind vertreten, von einem Paar in den 50ern bis hin zu Mittzwanzigern. Auf Wunsch des Papstes werden die Paare so ausgewählt, dass sie ein repräsentatives Bild der Gesellschaft zeigen. Dass es nicht darum geht, Bilderbuch-Lebensläufe vorzuweisen, betont Franziskus auch in der Predigt, als er die Ehe als „manchmal konfliktreiche Reise“ beschreibt.

Für die Beteiligten ist es sehr aufregend. Viele von ihnen mussten die bereits in anderen Kirchen geplante Trauung absagen, um im Petersdom dabei zu sein. Nicht jeder Ring passte sofort an den Finger, manch einer hatte auch mit Tränen zu kämpfen. Eines der älteren Paare äußerte sich ganz begeistert über „diesen wunderbaren Papst“: „so fühlen wir uns: aufgenommen und symbolhaft umarmt“.

Wer bietet mehr?

90.000 Euro ist eine stolze Summe für ein wenig Stoff. Dabei hatte Papst Franziskus dieses Stück-

chen Stoff ursprünglich sogar verschenkt: Bei einer Generalaudienz tauschte er mit einem Gläubigen auf dem Petersplatz die Kopfbedeckung. Das Pileolus, wie das weiße Scheitelkäppchen des Papstes eigentlich heißt, behielt der Italiener aber nicht für sich, sondern gab es weiter, damit es für einen guten Zweck versteigert würde.
Die Versteigerung läuft übers Internet. Eine italienische Fernsehsendung berichtet, und jeder kann mitsteigern. Für 90.000 Euro kommt das Pileolus schließlich unter den Hammer. Die Summe kommt einem katholischen Hilfsprojekt im Kongo zu Gute.

Ein Hoch auf die Senioren!

Ende September 2014 begeht Franziskus mit 40.000 älteren Menschen den „Tag der Senioren“ auf dem Petersplatz. Senioren sind ihm besonders wichtig; immer wieder betont er, die Gesellschaft dürfe sie nicht an den Rand drängen. Auf dem Programm stehen Bibelmeditationen, ein kleines Konzert, Erzählungen der Senioren aus ihrem Leben und eine gemeinsame Messe.
Ein besonderer Gast unter den 40.000 ist Benedikt XVI., sozusagen Papst senior. Es ist das erste Mal seit fast einem halben Jahr, dass er sich in der Öffentlichkeit zeigt. Franziskus umarmt und begrüßt

ihn herzlich und meint, dass er sehr froh sei, den emeritierten Papst im Vatikan zu haben, „denn es ist, als habe man den weisen Großvater im Hause“. Ein wenig keck formuliert, wenn man bedenkt, dass Franziskus nicht einmal zehn Jahre jünger ist.

Flaschenpost für Franziskus

Schon seit Beginn seines Pontifikats sind Flüchtlinge ein wichtiges Thema für Franziskus. Besonders die Schicksale der Menschen, die unter Lebensgefahr die Überfahrt von Afrika nach Europa wagen, bewegen ihn. Anfang Oktober 2014 lädt er die Überlebenden eines Schiffsunglücks von Lampedusa in den Vatikan ein. 37 Flüchtlinge können kommen, die meisten von ihnen stammen aus Eritrea. Franziskus nimmt sich Zeit, mit jedem Einzelnen zu sprechen. Zum Schluss schenken ihm die Überlebenden eine stilisierte Flaschenpost, in deren Innern eine Familie dargestellt ist.

Guten Morgen, lieber Schutzengel!

Am 2. Oktober 2014, dem Schutzengelfest, regt Papst Franziskus bei der Morgenmesse im Vatikanischen

Gästehaus Santa Marta an, mehr auf den eigenen Schutzengel zu achten, und zwar ganz praktisch: „Wie steht es um die Beziehung zu meinem Schutzengel? Höre ich ihn an? Sage ich morgens zu ihm: Guten Morgen? Sage ich zu ihm: Behütest du mich im Schlaf? Spreche ich mit ihm? Bitte ich ihn um seinen Rat?"

„Redet bitte offen"

„Doch nicht die großen Neuerungen!", lauten enttäuschte Kommentare nach der Bischofssynode zum Thema Familie vom 5. bis 19. Oktober 2014 besonders in Deutschland. Wiederverheiratete Geschiedene, Patchwork-Familien, Singles, Homosexualität – zu vielen Themen hatte sich das Kirchenvolk besonders in Deutschland Hoffnung gemacht, dass sich etwas vorwärts bewegt. Am Papst lag es wohl nicht. Als er die Synodenväter begrüßt, fordert er sie ausdrücklich auf, offen zu sprechen, „ohne menschliche Rücksichten, ohne Furcht!" Bei den Beratungen selbst schwieg er, um eben diese Offenheit zu gewährleisten und keine inhaltlichen Vorgaben zu machen. Zum Abschluss der Synode warnt Franziskus vor „Traditionalisten", die sich „im Geschriebenen einschließen und sich nicht von Gott überraschen lassen wollen", allerdings auch vor zu viel Liberalismus. Ein paar technische Neuerungen gibt es auch: Es ist die erste Synode, bei der wichtige Nachrichten über Twitter verbreitet werden, und die erste, bei der nicht Latein, sondern Italienisch die offizielle Sprache ist.

Wie grüße ich den Papst?

Während der Familiensynode kann man beobachten, wie der Papst jeden Morgen zur Synodenaula geht und welche amüsante Entwicklung das nimmt. Die Schweizergardisten am Eingang der Synodenaula stehen stramm und salutieren, wenn der Chef auftaucht. An einem der ersten Tage – da sitzt dem Papst wohl der Schalk im Nacken – imitiert der Papst diese Geste, hebt die Hand zum Scheitelkäppchen und grüßt einen der Schweizergardisten ebenso ehrerbietig zurück. Die jungen Schweizer können einem schon ein wenig leidtun. Da wollen sie nun alles richtig machen, und dann das! In den darauffolgenden Tagen begrüßen sich Papst und Schweizergardist dann einfach mit Handschlag.

FC Bayern beim Papst

Die meiste Zeit ist der FC Bayern ja ohnehin auf der Siegerstraße unterwegs. Als besonderes Highlight ragt im Oktober 2014 aber eine Audienz bei Papst Franziskus heraus. Tags zuvor spielen die Bayern noch gegen den AS Rom und gewinnen 7:1. Am Mittwoch, den 22. Oktober, werden sie dann vom Papst empfangen. Als Gastgeschenk überreichen Philipp Lahm und Manuel Neuer ein Bayerntrikot mit der Rückennummer 1 (eigentlich dem Torwart vorbehalten) und dem Namen „Franziskus". Alle Spieler haben darauf unterschrieben. Und sie kündigen eine Millionenspende für karitative Zwecke an; ein Freundschaftsspiel soll die Summe erbringen. Der Papst verteilt Rosenkränze. Und was sagt er zum 7:1? Da bleibt er diplomatisch: „Ich habe gehört, welches Resultat gestern Abend herauskam. Dazu möchte ich sagen: no comment!"

Am liebsten Milchkaramell

Bevor David Geisser Schweizergardist wird, hat er nicht nur eine Lehre als Koch begonnen, sondern bereits zwei Kochbücher veröffentlicht. Im Oktober 2014 folgt das dritte Buch, das die Lieblingsgerichte bekannter Persönlichkeiten aus dem Vatikan enthält. Darunter sind neben Offizieren der Schweizergarde auch Georg Gänswein (Kalbsschnitzel mit Rohschinken und Salbei), Kardinal Koch (Wiener Schnitzel mit Pommes Allumettes) und natürlich der Papst.

Für ihn hat sich der junge Koch ein ganzes Menü ausgedacht. Ganz wichtig ist dabei das Dessert Dulce de Leche, eine karamellfarbene Süßspeise, die fast nur aus Milch und Zucker besteht. Geisser hat zwar nicht die Gelegenheit, den Papst selbst nach seinem Lieblingsessen zu fragen, aber er hält die Augen offen und beobachtet: „Pilger aus Argentinien bringen immer dieses wunderbare Gebäck von einem ganz bestimmten Geschäft mit. Es ist gefüllt mit Dulce de Leche (Milchkaramell) – und der Papst mag dieses Gebäck sehr." Das Buch heißt passenderweise „Boun Appetito".

Duschen für Obdachlose

Der Päpstliche Almosengeber, Erzbischof Konrad Krajewski, stellt fest: Es gibt deutlich mehr Spenden seit dem Amtsantritt von Franziskus. „Die Aufmerksamkeit der Menschen für Arme und Bedürftige ist seit diesem Pontifikat deutlich größer geworden", sagt er. Und Papst Franziskus ermuntert seinen Almosengeber ausdrücklich, mit konkreten Hilfsaktionen die finanziellen Rücklagen aufzubrauchen: „Dein Konto steht gut, wenn es leer ist. Dann kann man es auffüllen."
Eine auf den ersten Blick ungewöhnliche, aber sehr einleuchtende Idee kommt Erzbischof Krajewski,

als er einen Obdachlosen an dessen 50. Geburtstag zum Essen in ein Restaurant einladen will. Der Mann hat Skrupel, weil er „stinke“. In Rom, so ließ ihn der Obdachlose wissen, sei es eher ein Problem, einen Ort zum Waschen zu finden als eine Mahlzeit. So werden im November 2014 an der Nordseite der Kolonnaden direkt unter den Fenstern des Apostolischen Palastes kostenfreie Duschen für Obdachlose installiert. Die Benutzer bekommen dort auch frische Unterwäsche.
Eine weitere Gelegenheit, gemäß päpstlichem Auftrag das Konto zu leeren, findet das Päpstliche Almosenamt ebenfalls im November 2014: Bedürftigen Familien in Rom wird ein Teil der Strom- und Wasserrechnung bezahlt.

Die Papst-Lotterie

Um das Konto des Päpstlichen Almosenamtes wieder aufzufüllen – gerade in der kalten Jahreszeit ist die Not oft groß –, stellt der Papst spontan Geschenke zur Verfügung, die er seit Beginn seines Pontifikats erhalten hat. Was soll der Papst auch selbst mit einem Tandem, mehreren Fahrrädern, Uhren, Kaffeemaschinen und Videokameras machen? Tatsächlich stapeln sich die Geschenke, für die er kaum Gelegenheit zur Verwendung hat. Diese werden in einer Lotterie verlost. Jeder kann daran teilnehmen. Die Lose werden unter anderem in der Vatikanbuchhandlung und in den Museen für zehn Euro das Stück verkauft; der Erlös wird direkt für Hilfsprojekte verwendet. Erster Preis der Lotterie ist übrigens ein Fiat Panda mit Allradantrieb.

Rekorde in Straßburg

Einerseits ist es nur eine kurze Stippvisite – mit nicht einmal 4 Stunden die kürzeste Papstreise der Kirchengeschichte –, andererseits hat sie das Potenzial für Superlative. Am 25. November 2014 spricht Franziskus vor dem Europaparlament und als erster Papst auch vor dem Europarat. Schon vorher zeichnet sich das Rekordinteresse der Presse ab. Kein anderer Redner vor ihm zieht so viele Journalisten ins EU-Parlament. 900 Journalisten sind es, selbst beim Dalai Lama waren weniger.

Was ist also die Botschaft des Argentiniers für Europa? Einerseits meint Franziskus, Europa wirke alt und müde. Und er kritisiert natürlich den Umgang mit Flüchtlingen: „Man kann nicht hinnehmen, dass das Mittelmeer zu einem großen Friedhof wird.“ Aber er macht auch Mut. Es könne gelingen, ein Europa für die Menschen statt für die Wirtschaft zu schaffen. Recht oft wird seine Rede vor dem Parlament von Applaus unterbrochen; ein Zeichen, dass die Botschaft positiv aufgenommen wird.

Ein Wiedersehen nach 30 Jahren

Dass Papst Franziskus gut Deutsch spricht, verdankt er einem zweimonatigen Sprachkurs 1985 am Goethe-Institut in Boppard, einem beschaulichen Städtchen am Rheinufer südlich von Koblenz. Während dieser Zeit wohnte der damals 48-jährige Bergoglio zur Untermiete bei Helma und Josef Schmidt.

Schon damals habe er Kontakt zu anderen Menschen gesucht, erinnert sich Helma Schmidt an den Gast, und „selten alleine in seinem Zimmer gesessen". Den Kontakt haben sie über mehr als 20 Jahre gehalten. Zu Ostern, Weihnachten und auch zu anderen Gelegenheiten gingen Briefe zwischen Boppard und Buenos Aires hin und her. Er schrieb stets gut leserlich auf Deutsch.

Nach beinahe 30 Jahren gibt es im Herbst 2014 ein Wiedersehen. Helma Schmidt, inzwischen immerhin 97 Jahre alt, ist extra nach Straßburg gefahren, um ihren ehemaligen Gaststudenten, der nun Papst ist, bei seiner Visite beim Europaparlament zu treffen. Einige Wochen zuvor hatte sie Franziskus einen Brief geschrieben, und der Ministerpräsidentin von Rheinland-Pfalz, Malu Dreyer, mitgegeben, die einen Termin beim Papst hatte. Die handschriftlichen Zeilen seiner ehemaligen Gastgeberin haben ihn „sehr berührt", berichtet Dreyer später. Entsprechend herzlich ist das Wiedersehen in Straßburg.

Verschönertes Boppard

Es ist nur ein schmaler Fußweg im Süden von Boppard, der bis vor kurzem nicht einmal einen Namen hatte. Im Frühjahr 2015 bekommt dieser Weg dann einen Namen, und zwar nicht eben einen kleinen! „Papst-Franziskus-Weg" steht auf dem neuen Straßenschild, darunter eine Erklärung, dass der heutige Papst bei seinem Aufenthalt vor 30 Jahren in der Stadt diesen Fußweg nahm, um von seiner Wohnung bei Familie Schmidt ins Stadtzentrum zu gelangen und zum Goethe-Institut, wo er einen Deutschkurs besuchte. Der Weg führt von der Wasemstraße in der Nähe des Bahnhofs bis zur Straße „Auf der Zeil". Der Vorschlag stammt vom Ehrenvorsitzenden des Verkehrs- und Verschönerungsvereins Boppard. Ein echter Coup!

Kommen Tiere in den Himmel?

Franz von Assisi, nach dem Franziskus seinen Papstnamen gewählt hat, ist natürlich für seine Liebe zur Schöpfung bekannt. Legenden berichten, wie er den Vögeln predigt oder einen Wolf zähmt. Man ist geneigt, diesem Papst eine gewisse Tierliebe zu unterstellen. Aber hat er tatsächlich gesagt, dass auch Tiere in den Himmel kommen? Es ist die ganz große Schlagzeile in den Medien. In der New York Times prangt sie sogar auf der Titelseite. Schuld ist allerdings ein Missverständnis. Bei der Generalaudienz am 26. November spricht Franziskus über die Vollendung der Erde im Reich Gottes und sagt: „Gleichzeitig lehrt uns die Heilige Schrift, dass die Vollendung dieses wunderbaren Planes auch all das betrifft, was uns umgibt und das aus dem Geist und dem Herzen Gottes hervorgegangen ist.“ Die italienische Zeitung „Corriere della Sera“ vergleicht dies mit einer Aussage von Paul VI., der einst einen Jungen getröstet hatte, dessen Hund gestorben war. Diese Anekdote wird nun plötzlich Franziskus zugeschrieben. Also Hunde, Wellensittiche und Meerschweinchen im Himmel? Was ist mit Mücken, Regenwürmern und Eintagsfliegen? Bevor die Presse sich zu sehr an theologischen Diskussionen versucht, klärt sich das Missverständnis auf. Was bleibt: eine Zeitungs-Ente, auch keine ganz neue Gattung.

Einfach beten!

Die Aufregung ist groß nach dem Besuch des Papstes in der Blauen Moschee in Istanbul. Hat er dort gebetet oder nicht? Mit dem Großmufti Rahmi Yaran steht er vor der Gebetsnische, beide haben das Gesicht gen Mekka gewandt. Der Großmufti betet unverkennbar. Aber der Papst? Die Augen hat Franziskus geschlossen, die Hände gefaltet, seine Lippen bewegen sich aber nicht. Es ist eine heikle Situation, in der leicht der Vorwurf von Religionsvermischung erhoben werden könnte. Vatikansprecher Federico versucht bereits im Vorfeld möglichen Missverständnissen vorzubeugen und lässt verlauten, in der Moschee werde es höchstens einen Moment der „stillen Anbetung" geben, denn es sei „klar, dass man bei einem Christen in einer Moschee nicht von einem formalen Gebet sprechen kann."

Beim Rückflug von Istanbul fragt eine türkische Journalistin genauer nach. Und wie sich herausstellt, hat Franziskus keine Skrupel zu beten, wo und wann es ihn „überkommt": „Als ich in die Moschee ging, konnte ich nicht auf einmal sagen: ‚So, und jetzt bin ich Tourist!' Nein, es war alles religiös. Der Mufti erklärte mir alles ganz genau, mit großer Sanftmut, und auch mit Hilfe des Korans, wo von Maria und Johannes dem Täufer die Rede ist. ... Und in dem Moment verspürte ich das Bedürfnis zu beten. Und ich sagte: ‚Wollen wir ein wenig beten?' – ‚Ja, ja', stimmte er mir zu. Und da habe ich gebetet: für die Türkei, für den Frieden, für den Mufti ... für alle ..."

Ich bin bei euch!

Die irakischen Christen in den Flüchtlingscamps gehen Franziskus auch und gerade in der Advents- und Weihnachtszeit nicht aus dem Kopf. Nachdem er bereits im Sommer 2014 in einem der Camps angerufen hat, schickt er Anfang Dezember eine Videobotschaft nach Erbil in die Autonome Region Kurdistan, wo sie vor Flüchtlingen aus dem Irak gezeigt wird. Darin bedauert Franziskus, dass er die Menschen nicht selbst besuchen könne, spricht ihnen Mut zu und bedankt sich für ihre Treue zum christlichen Glauben.

Am Heiligabend ruft er dann erneut in Erbil an. Während eines Gottesdienstes, den mehrere hundert Flüchtlinge feiern, wird er live hinzugeschaltet und sagt: „Ihr feiert jetzt die heilige Messe, und ich bin bei einem jeden von euch in diesem Gottesdienst – eine Umarmung euch allen." Es gibt ein paar Hindernisse. Das Telefonat wird über eine Satellitenverbindung eines italienischen Fernsehsenders möglich. Allerdings bricht sie während des Telefonats zusammen. Franziskus spricht daraufhin weiter, wendet sich an den Moderator im Fernsehstudio. Und das Ende seiner frei gehaltenen Ansprache mit einem Segen wird aufgezeichnet, um sie später den Flüchtlingen zuschicken zu können.

Papst-Comic

Papst Franziskus als Comicheld – das ist neu! In Italien gibt es zwar bereits mehrere Papst-Zeitschriften, doch die sind alle für Erwachsene. Im Dezember 2014 kommt eine Kinderzeitschrift hinzu. Sie heißt einfach „Papa Francesco", ist bunt illustriert und enthält Comics, Rätsel und Abziehbilder. „Hat die Welt das gebraucht", mag man sich fragen, aber die Zeitschrift hat einen ernsthaften Anspruch: Die Botschaften des Papstes soll den Kleinsten vermittelt werden. Da sieht man beispielsweise einen großäugigen Franziskus inmitten von Giraffen, Tigern und Eulen, in einer Sprechblase die Aufforderung, Tiere gut zu behandeln, denn sie seien schließlich Geschöpfe Gottes. Auf einem anderen Bild sagt der Comic-Franziskus zu einem kleinen Jungen: „Sag Mama und Papa, dass sie mit dir spielen sollen, dann ist Papst Franziskus zufrieden." Nur die Sache mit den Ausmalbildern scheint nicht ganz durchdacht. Schließlich trägt der Papst fast immer Weiß.

Protestantisch, aber gut

Am Freitag vor dem dritten Advent 2014 gibt es im Vatikan eine Premiere: Erstmals empfängt ein Papst offiziell die Heilsarmee. Die protestantisch-freikirchliche Bewegung mit starkem sozialem Engagement wurde 1865 in London gegründet und verbreitete sich von dort in der ganzen Welt.
Bei der Begegnung kramt Papst Franziskus tief in seinen Erinnerungen und erzählt davon, wie seine Großmutter ihm in früher Kindheit die Tür zur Ökumene geöffnet hat: „Und jetzt will ich Ihnen eine Anekdote erzählen: Als ich vier Jahre alt war – das war 1940, da war noch keiner von Ihnen geboren! –, ging ich mit meiner Großmutter auf der Straße spazieren. Damals gab es die Vorstellung, dass alle Protestanten in die Hölle kommen würden. Auf dem Bürgersteig gegenüber gingen zwei Frauen von der Heilsarmee mit diesem Hut, den sie damals hatten, und ich fragte meine Großmutter: ‚Wer sind diese Frauen? Sind das Ordensschwestern?' Und meine Großmutter sagte mir: ‚Nein, die sind protestantisch. Aber die sind gut.'" Das, so Franziskus, sei die erste ökumenische Predigt seines Lebens gewesen.

Angriffsfreudiger Libero

Wenn er Papst Franziskus in einer Fußballmannschaft unterbringen sollte, so überlegt der italienische Nationaltrainer Antonio Conte in einer Fernsehsendung, würde er ihn „vor den Verteidigern aufstellen". Erzbischof Georg Gänswein, der ebenfalls zu der Sendung eingeladen ist, stimmt dem Cheftrainer zu: „Papst Franziskus ist ein guter Libero mit Angreifer-Qualitäten." Wer sich nun vorzustellen versucht, wie der Pontifex in weißer Soutane über den Rasen flitzt, sollte bedenken, dass Franziskus seine Botschaften selbst immer wieder in Fußballsprache verpackt. So fordert er etwa Jugendliche auf, die Welt mitzugestalten, also immer offensiv statt defensiv zu spielen.

Franziskus, der Diplomat

53 Jahre lang hatte frostiges Schweigen geherrscht zwischen Kuba und den USA. Die diplomatischen Beziehungen waren abgebrochen worden. Mitte Dezember 2014 dann die Überraschung: US-Präsident Obama kündigt eine Kehrtwende in der Haltung der USA zu Kuba an; die diplomatischen Beziehungen werden wieder aufgenommen, Han-

dels- und Reisebeschränkungen aufgehoben, Gefangene freigelassen. Einen wesentlichen Anteil daran hat ein ganz besonderer Diplomat: Papst Franziskus. Bereits im Sommer hatte er persönliche Briefe an Obama und den kubanischen Staatschef Raúl Castro geschrieben und sie zu einer Wiederannäherung bewegt. Im Oktober treffen sich Diplomaten beider Länder auf neutralem Boden in Rom; die Gespräche werden von Mitarbeitern des Vatikans moderiert.

Obama selbst bedankt sich bei Papst Franziskus für die Vermittlungsgespräche. Ein US-Regierungsvertreter sagt: „Präsident Obama hat enormen Respekt vor Papst Franziskus. Sein persönliches Engagement ist sehr wichtig für uns."

Es scheint, dass Franziskus tatsächlich ein besonderes Geschick für Diplomatie und Versöhnung hat. Im April 2015 streichen die USA Kuba von ihrer Terrorliste. Erstmals seit 60 Jahren treffen sich die Staatschefs beider Länder. Franziskus ist glücklich über den Erfolg. Bei einem Treffen mit Botschaftern verschiedener Länder sagt er, Diplomatie sei eine „Arbeit kleiner Schritte", mit dem Ziel, Frieden und Brüderlichkeit zwischen den Völkern zu säen.

Punkmusik beim Weihnachtskonzert

Dass er Beethoven und Tangomusik mag, ist bekannt. Ganz neue musikalische Vorlieben des Papstes kommen aber beim traditionellen Vatikanischen Weihnachtskonzert am 13. Dezember 2014 zum Vorschein. Mag Franziskus tatsächlich Punk? Ausgerechnet Patti Smith, die als „Godmother of Punk" (Patin der Punkmusik) gilt, hat er eingeladen, beim Konzert im Auditorium Conciliazione mit aufzutreten. Bemerkenswert ist dabei, dass Patti Smith, inzwischen über 60-jährig, in jungen Jahren sehr kritisch über die Kirche gesungen hat. Gegen ihren Auftritt beim Vatikanischen Weihnachtskonzert gibt es dann auch gleich Kritik. Und zwar nicht nur von einigen Katholiken, die der Sängerin Blasphemie vorwerfen, sondern auch von ihren eigenen Fans, die wohl finden, Patti Smith solle sich auf ein Konzert für die Kirche gar nicht erst einlassen. Solche Einwände weist sie aber deutlich von sich: „Ich mag Papst Franziskus und ich bin glücklich, für ihn zu singen."

Persönlich kennengelernt haben sich Papst und Punk-Ikone bereits im Frühjahr 2013 am Rande einer Generalaudienz auf dem Petersplatz. Im Streben nach einer gerechteren, friedlicheren Welt, durchaus mit sozialkritischen Tönen, finden die beiden wohl einen gemeinsamen Nenner. Franziskus weiß also, wen er sich da einlädt, und vielleicht legt er ja auch privat einmal eine Patti-Smith-Platte auf.

Kinderlärm in der Kirche

Das hat sicher jeder schon einmal im Gottesdienst erlebt: ein kleines Kind ist unruhig, weint oder läuft herum. Nicht immer gibt es einen Kindergottesdienst. Bei den Eltern liegen dann die Nerven blank und sie fragen sich: Ab wann sollen sie mit ihrem lärmenden Nachwuchs die Kirche besser verlassen? Gar nicht, sagt Papst Franziskus.
Im Gespräch mit Eltern bei einem Besuch in der römischen Josephs-Pfarrei erklärt er seine Sicht der Dinge: „Mich stört es sehr, wenn ein Kind in der Kirche weint und es Leute gibt, die sagen, das Kind soll hinaus." Es sei völlig normal, dass Kinder nicht mucksmäuschenstill in den Bänken sitzen bleiben, sondern herumlaufen, etwas Lärm machen und manchmal weinen. Kindertränen sind sowieso die „beste Predigt", findet Franziskus. „Sie sind die Stimme Gottes; verjagt sie nie aus der Kirche."

Geburtstagsgeschenke vom Papst

Eigentlich ist es sein eigener Geburtstag, und er müsste Geschenke bekommen. Aber Papst Franziskus verteilt lieber selbst welche. Am 17. Dezember 2014 wird er 78 Jahre alt. Aus diesem Anlass verschenkt er 400 Schlafsäcke an Obdachlose. Erkennbar sind sie an einem kleinen päpstlichen Wappen. Verteilt werden die Schlafsäcke vom Almosenverwalter Erzbischof Krajewski gemeinsam mit einigen Freiwilligen, darunter auch Schweizergardisten. Sie laden alle Schlafsäcke auf einen Lastwagen und fahren damit zum Bahnhof Termini und anderen Orten, wo sich viele Obdachlose aufhalten. Die Presse erfuhr erst später davon. Die Aktion war nicht angekündigt worden, um Medienrummel zu verhindern.

Große Geburtstagsparty auf dem Petersplatz

Selbst feiert Papst Franziskus seinen Geburtstag nicht. Der Zufall will es aber, dass der 17. Dezember 2014 auf einen Mittwoch fällt: Generalaudienz. Und die Gläubigen, die aus aller Welt anreisen, lassen es sich nicht nehmen, diese Audienz zu einer Art riesiger Geburts-

tagsparty zu machen. Sie bringen Luftballons und Kuchen mit, reichen dem Papst Mate-Tee und singen Geburtstagslieder in verschiedenen Sprachen.
Die besondere Überraschung gibt es am Schluss der Generalaudienz: Plötzlich erklingt Tangomusik und 3000 Tänzer aus ganz Italien tanzen auf dem Petersplatz. In seiner Jugend war der Papst aus Argentinien selbst ein leidenschaftlicher Tangotänzer, und auch als Erzbischof sagt er Jahre später, dass er diesen Tanz liebe. Unter dem Motto „Ein Tango für Papst Franziskus“ hatte die Tanzlehrerin Cristina Carmorani die Aktion vorher auf Facebook organisiert. Und auch Radio Vatikan spielt an diesem Tag die Lieblingstangos des Papstes.

Die 10-Gebote-Show

Der Mann ist sicher nach Franziskus‘ Geschmack: Roberto Benigni ist nicht nur ein großartiger Komiker und Schauspieler, der in dem Film „Das Leben ist schön“ die Zuschauer gleichermaßen zum Weinen und zum Lachen bringt, er schafft es auch noch, christliche Themen unterhaltsam darzustellen. Was er da macht, ist wirklich erstaunlich: Im italienischen Fernsehen redet er an zwei Abenden jeweils zwei Stunden am Stück über die Zehn Gebote. Und erreicht damit eine traumhafte Einschaltquote von zwanzig Millionen Zuschauern. Zugegeben: Er wechselt dabei zwischen Ernst und Komik und strapaziert gekonnt die Lachmuskeln. Zum siebten Gebot erklärt er beispielsweise, Gott habe die Italiener so lieb, dass er sogar ein Gebot extra für sie ersonnen habe: Du sollst nicht stehlen.

Das Publikum jedenfalls ist begeistert, darunter auch Papst Franziskus. Vor der zweiten Sendung ruft er den Komiker an und gratuliert ihm zu der gelungenen Show. Das sei ein gutes Beispiel für Neuevangelisierung, heißt es aus dem Vatikan.

Dank für die Unsichtbaren

Vor Weihnachten empfängt der Papst traditionell die Spitzenvertreter der Römischen Kurie und dankt ihnen für die übers Jahr geleistete Arbeit. An diesem 22. Dezember 2014 läuft das alles jedoch etwas anders. Erstes Novum: Franziskus empfängt in einer Sonderaudienz alle seine Mitarbeiter mit deren Familien. Beim Heiligen Stuhl arbeiten immerhin 5000 Vatikan-Mitarbeiter. Zusammen mit den Familienangehörigen sind das so viele, dass man in die Audienzhalle umzieht. „Ich wollte mein zweites Weihnachten in Rom nicht vorübergehen lassen, ohne den Menschen zu begegnen, die an der Kurie arbeiten", sagt Franziskus, „den Menschen, die arbeiten, ohne in Erscheinung zu treten, und die sich ironisch als ‚die Unsichtbaren‘ bezeichnen: Gärtner, Reinigungskräfte, Pförtner, Büroleiter, Aufzugführer, Sachbearbeiter... und viele, viele andere.“ Also dankt er ihnen samt den Familienangehörigen, denn er habe festgestellt, dass sie alle ihre Arbeit sorgfältig tun. Dann segnet Franziskus die „Unsichtbaren“, die er an diesem Tag in den Mittelpunkt stellt.

„Jetzt wird’s spannend“

Die zweite Überraschung folgt an diesem 22. Dezember beim traditionellen Weihnachtsempfang für die Römische Kurie. Die Kardinäle und Bischöfe trauen ihren Ohren kaum, denn statt der bei diesem Termin üblichen wohlwollenden Dankesrede gibt es vom Papst ziemlich deutliche Kritik: 15 Krankheiten der Kurie zählt er auf, die von geistiger Versteinerung über geistlichen Alzheimer, Eitelkeit, Tratschsucht bis zu Prunksucht reichen.
Selbst die engsten Mitarbeiter des Papstes sind überrascht. Georg Gänswein, der als Präfekt des Päpstlichen Hauses direkt neben Franziskus sitzt, hat zwar eine Kopie der Rede in seiner Mappe, aber keine Zeit, sie vorher zu lesen. „Als die Aufzählung der Krankheiten begann, dachte ich mir: Jetzt wird’s spannend, und es wurde immer spannender.“

Der Papst mahnt also zur Gewissenserforschung, macht aber auch Mut. Ein paar Heilmittel gegen die Krankheiten kann er bereits empfehlen. Gegen die Krankheit der Totengräbermiene, die er bei besonders griesgrämigen Bischöfen beobachtet, helfen beispielsweise Humor und Selbstironie. Franziskus empfiehlt, möglichst oft das Gebet des hl. Thomas Morus „Schenke mir, Herr, den Sinn für Humor" zu beten. „Ich bete es jeden Tag, es tut mir gut."

Vatikan-Krippe mit Obdachlosem

Eine Kirche für die Armen, das war bereits zu Beginn seines Pontifikats der große Wunsch von Papst Franziskus. Im Dezember 2014 nimmt die Vatikan-Pfarrkirche Sant'Anna in ihre Weihnachtskrippe die Figur eines Obdachlosen auf. Er steht bei den Hirten und hält bittend die Hand auf. Tatsächlich gibt es für die Figur sogar ein echtes Vorbild: einen Obdachlosen, der viele Jahre in die Pfarrkirche kam, bis er im Herbst 2014 verstarb. Pfarrer Bruno Silvestrini beschreibt ihn als einen „in gewisser Hinsicht reichen Mann, voller Glauben". Und er ergänzt, dass die Gestaltung der Krippe auf das Anliegen des Papstes verweisen soll, „dass wir uns im Menschen in Schwierigkeiten kümmern".

III. Ein Papst mit Rückenwind

Es ist großartig,
wie der Papst seine Berufung lebt.

Hubert von Goisern, Musiker

Es ist vieles in Bewegung geraten,
und ich denke,
dass wir diese Bewegung brauchen.
Wenn man stehen bleibt,
schläft man ein.

Kardinal Kasper

Papst Franziskus redet nicht nur
von der Reform der Kurie,
er ist entschieden, sie durchzuziehen,
und er macht es sehr professionell,
mit besten Experten,
mit viel Beratung und mit Entschiedenheit.

Kardinal Christoph Schönborn

Ohne Deko

Im Januar 2015 geht Franziskus auf große Reise nach Südostasien. Zunächst besucht er Sri Lanka, wo sehr viel mehr Buddhisten, Hindus und Muslime als Christen leben. Dort bemüht man sich, dem einfachen Stil des Papstes zu entsprechen: Die Papstreise soll keine übermäßigen Kosten verursachen. „Wir haben alles vereinfacht und haben zum Beispiel kein Geld für Dekoration ausgegeben", erläutert Pater Merl Shanthi Perera, der die Finanzierung der Papstreise organisiert.
Dank der großen Sparsamkeit bleiben vom Budget 70000 US-Dollar übrig, die der Erzbischof von Colombo dem Papst für karitative Zwecke mitgibt: „Wir sind eine arme Kirche, wir wünschen uns aber, dass Sie dieses Geschenk annehmen."

Unerwarteter Andrang

Gleich zu Beginn der Papstreise nach Sri Lanka muss das Programm geändert werden. Der Grund: Der Andrang ist einfach zu groß. An der 23 Kilometer langen Strecke vom Flughafen zum Zentrum der Hauptstadt Colombo, wo ein Treffen mit den Bischöfen des Landes auf dem Programm steht, stehen einfach viel zu viele Menschen, die den Papst sehen wollen. Hunderttausende säumen die Straße, darunter auch große Gruppen buddhistischer Mönche. Wahrscheinlich hat Franziskus, der am Flughafen herzlich mit Trommelmusik, Tanz und sogar bunt geschmückten Elefanten begrüßt wurde, das Papamobil einfach zu oft anhalten lassen. Wegen der großen Verspätung muss das Treffen mit den Bischöfen ausfallen. Franziskus begibt sich gleich in die Nuntiatur, um dort die Messe zu feiern.

Kein Panzerglas und Regenschutz

Von Sri Lanka reist Franziskus gleich weiter auf die Philippinen. Das Gefährt, mit dem er sich dort durch die Menschenmassen bewegt, ist – und da haben die Securityleute des Papstes sicher Bauchschmerzen – ungeschützt. Der ungepanzerte, offene Wagen entspricht genau dem Wunsch des Papstes. Schon früher hat er betont, wenn er in einer „Sardinenbüchse" herumfahre, könne er den Menschen nicht richtig begegnen. Der direkte Kontakt ist ihm aber wichtig. Er will zugänglich sein, macht sich damit allerdings auch bewusst angreifbar. Auch eine Klimatisierung hat der Wagen nicht. In Manila und Tacloban City, wo selbst im Januar durchschnittlich subtropische 30 Grad herrschen, leidet der Papst unter Hitze und Regen genauso wie alle anderen.

Fahrt im Sammeltaxi

Tatsächlich ist es kein herkömmliches Papamobil, mit dem Franziskus bei seiner Reise unterwegs ist, sondern ein „Jeepney". So werden die Sammeltaxis auf den Philippinen genannt. Es ist das typische Fortbewegungsmittel der kleinen Leute, eine Mischung zwischen Bus und Jeep, schlecht gefedert und sehr robust. Er ist das billigste Verkehrsmittel auf den Inseln; ein Ticket kostet umgerechnet nur wenige Cent. Es gibt nur kleine Unterschiede zu den übrigen Jeepneys: Der Wagen, mit dem Franziskus fährt, ist nicht knallbunt angestrichen, sondern weiß. Und das Verdeck auf beiden Seiten weit offen, damit er den Menschen besser zuwinken kann.

Eine Stadt im Papst-Sonderurlaub

Manila ist die Hauptstadt der Philippinen. Bis auf einen kurzen Abstecher verbringt Papst Franziskus

die gesamte Zeit seiner Reise hier. Die Stadt feiert; alle sind im Papst-Fieber. Damit möglichst viele Einwohner den Papst live erleben können, verkündet der Bürgermeister für Manila einen Sonderurlaub: Die fünf Tage des Papstbesuches sind für alle arbeitsfrei. Auch Schulen bleiben geschlossen.
Einen ganz pragmatischen Grund haben die Feiertage aber auch: Der Bürgermeister will so ein Verkehrschaos verhindern. Bereits an normalen Tagen gibt es hier ständig Staus. Wenn sich der Papst nicht jedesmal durch den dichten Berufsverkehr kämpfen muss, so hofft man, trägt das außerdem zu seiner Sicherheit bei. Wie dem auch sei: Die Einwohner freuen sich über den Papst-Sonderurlaub.

„Hast du mich lieb?“

Auf den Philippinen sind die Menschen tief fromm. Entsprechend begeistert wird Papst Franziskus in dem mehrheitlich katholischen Land empfangen und wie ein Rockstar gefeiert. Nicht wenige Menschen warten stundenlang am Straßenrand, nur um ihn vorbeifahren zu sehen. Und Franziskus hält sich gleichfalls nicht zurück: Schon bei seiner ersten Fahrt durch die Stadt kurbelt er die Fensterscheibe des Wagens herunter, lehnt sich weit hinaus und winkt den Menschen zu.

Bei der Messe am ersten Morgen seines Besuchs beginnt er die Predigt mit einem Zitat aus dem gerade gelesenen Johannesevangelium Kapitel 21: „Hast du mich lieb?“, wiederholt er die Frage, die Jesus dort Petrus stellt. Bevor er weiterreden kann, hört man einige Menschen „Ja“ rufen. Franziskus kann ein Lachen nicht unterdrücken, bedankt sich dann und sagt, dass er eigentlich nur aus dem Evangelium zitiert habe.

Die Armen nicht verstecken

Auf den Philippinen möchte Franziskus vor allem den Armen begegnen. Fast ein Drittel der Gesamtbevölkerung lebt hier in extremer Armut. Dennoch, so scheint ihm gleich am Tag seiner Ankunft aufzufallen, sind die Ärmsten auf den Straßen, die er entlangfährt, nicht zu sehen. Manila möchte sich von seiner besten Seite präsentieren.
Bei der Messe in der Mariä-Empfängnis-Kathedrale wirkt es wie ein direkter Kommentar, als Franziskus von dem vorbereiteten Text seiner Predigt abweicht und sagt: „Die Armen stehen im Mittelpunkt des Evangeliums, sind das Herzstück des Evangeliums. Wenn wir die Armen aus dem Evangelium herausnehmen, können wir die gesamte Botschaft Jesu Christi nicht verstehen.“ Er möchte nicht, dass

die Armen vor ihm versteckt werden. Gleich nach der Messe geht der Papst in ein nahegelegenes Heim für Straßenkinder. Im offiziellen Programm ist dieser Besuch nicht vorgesehen. Die Kinder freuen sich, umarmen den Papst und schenken ihm selbstgemalte Bilder. Er nimmt sich Zeit, spricht mit den Kindern, und es gibt gemeinsame Fotos.

Papst Franziskus, das Musical

Ein singender und tanzender Papst auf der Bühne? Etwas kuriose Züge nimmt die Papst-Verehrung der Philippiner während des Besuchs von Franziskus an: Hier wird tatsächlich ein Musical über ihn aufgeführt: „Pope Francis – the Musical". Die zweistündige Show stellt seinen Lebensweg dar, von der Kindheit in Buenos Aires bis hin zur Papstwahl 2013. Die rund 50 Akteure sind allesamt Laiendarsteller, darunter aber auch echte Priester. Einer von ihnen ist Pater Ric Luzung, der die Hauptrolle spielt.

Mit dem Musical sollen besonders junge Menschen erreicht werden: Unterhaltung und Evangelisation in einem also. Und vielleicht, so die Veranstalter, gewinnt man so auch Nachwuchs für die Orden. Requisiten und Bühnendekoration stammen aus philippinischen Kirchen. Bei einem Detail wollte man aber ganz sichergehen: Das weiße Scheitelkäppchen für den Papstdarsteller ist aus dem Vatikan importiert.

„Da muss ich hin!"

Besonders wichtig ist es Franziskus, auf den Philippinen die Überlebenden des letzten großen Taifuns vom November 2013 zu treffen. Dabei waren über 7000 Menschen umgekommen. „Als ich diese Katastrophe damals im Fernsehen sah, habe ich auf der Stelle beschlossen: Da muss ich hin", berichtet er. Und nun, 14 Monate später, ist er in Tacloban, wo der Taifun besonders heftig gewütet hat. „Ein wenig spät, muss ich sagen, aber ich bin da."

Während seines Besuchs in Tacloban zieht jedoch schon der nächste Tropensturm auf. Die Messe feiert er in einem billigen Regenmantel aus gelbem Plastik, an dem der Wind zerrt. Den gleichen Regenmantel tragen auch die meisten Gläubigen. Es ist ein besonders eindrückliches Bild: Der Papst ist auch optisch nicht herausgehoben, sondern einer „aus dem Volk". Die Predigt und auch das Gebet am Schluss der Messe hält er spontan und ohne vorbereiteten Text. Es wird sehr emotional. „So viele von euch haben alles verloren. Ich weiß nicht, was ich euch sagen soll." Einfach da sein, Mitgefühl zeigen und ermutigen, das ist es, was er tut. Und das kommt an.

Die Suppe wird kalt

Wegen des heranziehenden schweren Sturms muss Franziskus sein Programm in Tacloban vorzeitig beenden. Das gemeinsame Mittagessen mit den Überlebenden des Taifuns lässt er sich aber nicht nehmen. Allerdings ist es schwer, sich aufs Essen zu konzentrieren, wenn gleichzeitig der Papst zum Greifen nahe ist. Viele der Gäste starren Franziskus einfach nur ein, sodass er sie mehrfach zum Essen auffordert. Dem Papst geht es aber nicht viel anders. „Ihre Suppe ist ja schon kalt", mahnt Kardinal Tagle. „Nein, hier ist es warm", entgegnet Franziskus und macht eine Handbewegung, die den ganzen Raum umfasst. Die Herzen hat er auf jeden Fall erwärmt.

Mehr Frauen!

Ein Höhepunkt am letzten Tag der Philippinenreise ist eine Begegnung mit Jugendlichen auf dem Sportplatz einer katholischen Universität. Einige Jugendliche werden vorher exemplarisch ausgewählt, damit sie dem Papst ihre Erfahrungen schildern. Darunter ist allerdings nur ein Mädchen: die zwölfjährige Glyzelle Palomar.

Zu dieser Auswahl macht Franziskus gleich eine Anmerkung: „Ein Wörtchen ... über die spärliche Präsenz der Damenwelt hier! Allzu spärlich!“ Oft sei die Gesellschaft „zu chauvinistisch“, meint er. Frauen bekämen zu wenig Raum. Dabei war es gerade Glyzelle, die an diesem Morgen als einzige eine Frage gestellt habe, auf die er keine Antwort wisse. Die Zwölfjährige hatte gefragt, warum Gott es zulasse, dass Kinder leiden müssten. „Wenn also der nächste Papst nach Manila kommt, dann mögen bitte mehr Frauen da sein!“

Franziskus bricht alle Rekorde

Einen neuen Rekord stellt Papst Franziskus im Rizal Park von Manila auf: Mit sechs Millionen Menschen, die mit ihm gemeinsam Messe feiern, ist das nicht nur ein Rekord im kirchlichen Bereich – die größte Messe hatte zuvor Johannes Paul II. mit fünf Millionen Menschen gefeiert –, sondern überhaupt Weltrekord. Zu keinem anderen Großereignis – Rockkonzert, Festival oder Fußball-WM – haben sich bis dahin so viele Menschen versammelt.
Selbst einige Kilometer vom Rizal Park entfernt sind Straßen und Plätze überfüllt, die Menschen klettern auf Bäume, Laternen und Autodächer. Und das nicht etwa bei schönem Ausflugswetter,

sondern im strömenden Regen! Erzbischof Socrates Villegas meint am Schluss sehr passend zum Papst: „Sie sind unser Regenmantel im Regen!“

Lolo Kiko

Dass Papst Franziskus so konsequent volksnah auftritt, beschert ihm sofort die Sympathie der Philippiner. Schnell haben sie einen Spitznamen für ihn: Lolo Kiko. Kiko ist die philippinische Version und Abkürzung für „Franziskus“, und Lolo bedeutet „Großvater“. Es ist ein Spitzname, der dem Papst offenbar gefällt. Noch Monate später erinnert er sich während einer Generalaudienz daran.

Streit um Karnickel

„Manche Menschen glauben – entschuldigen Sie den Ausdruck –, um gute Katholiken zu sein, müssen wir sein wie Karnickel.“ Die verhängnisvollen Worte des Papstes zum Thema verantwortungsbewusste Elternschaft fallen bei der Pressekonferenz auf dem Rückflug von den Philippinen. Welchen Proteststurm er mit dieser bildhaften und knackigen Formulierung auslösen würde, hätte

sich Papst Franziskus sicher nicht träumen lassen. Sogar die Kaninchenzüchter äußern sich empört. Schließlich seien Karnickel nicht per se „sexbesessen“; es gäbe da Unterschiede.
Immer wieder kommt es vor, dass Franziskus in spontanen Äußerungen Dinge sagt, die politisch nicht ganz korrekt klingen. Georg Gänswein plädiert dafür, dann vielleicht nicht jedes Wort auf die Goldwaage zu legen: „Ob die Wortwahl immer ganz glücklich und angemessen ist, darüber lässt sich streiten. Aber da muss man auch einmal fünf gerade sein lassen.“ Und Kardinal Schönborn findet das spontane Auftreten des Papstes sogar besonders gut und meint, der Papst dürfe „so reden, wie ihm der Schnabel gewachsen ist“.

Rauferei mit dem Papst

Auch nicht ganz politisch korrekt ist eine weitere Bemerkung des Papstes, die bereits beim Flug von Sri Lanka auf die Philippinen fällt. Sie wirbelt einigen Staub auf, und bei der Pressekonferenz auf dem Rückflug nach Rom wird er noch einmal danach gefragt. Er war gefragt worden, wie weit die Meinungsfreiheit gehen dürfe, wenn sie sich gegen Religionen richte. Und Franziskus hat eine ganz plastische Antwort parat. Meinungsfreiheit ist ihm sehr wichtig, „aber ohne zu beleidigen". Mit Blick auf seinen Reiseorganisator, der neben ihm steht, meint er: „Es ist natürlich wahr, dass man nicht aggressiv reagieren soll, aber wenn Dr. Gasbarri, mein guter Freund, mir ein Schimpfwort gegen meine Mutter sagt, bekommt er eins drauf!"

Eine Rauferei mit dem Papst: Die einen erheitert diese Vorstellung, andere sind entrüstet. Ist der Papst bereit zur physischen Gewalt? Heißt er gar den Terroranschlag gegen das französische Satiremagazin Charlie Hebdo gut? Auf dem Rückflug glätten sich die Wogen ein wenig, und es zeigt sich: Der Papst ist oft einfach pragmatisch. Natürlich sei Gewalt nie gerechtfertigt, meint er. Aber Menschen reagieren eben manchmal nicht mustergültig, deswegen solle man einen Menschen nicht ständig beleidigen. „Darum sage ich, dass die Meinungsfreiheit die menschliche Realität berücksichtigen und folglich klug sein muss."

Geburtstagsanruf nach Wien

Eine besondere Geburtstagsüberraschung bekommt Kardinal Schönborn zu seinem 70. Geburtstag am 22. Januar 2015. Während des Geburtstagsessens im Stephanisaal der Wiener Dompfarre klingelt das Handy eines Gastes, und das Telefon wird an den

Jubilar weitergereicht. Der völlig verdutzte Kardinal hat den Papst in der Leitung, der ihm auf Italienisch „tanti auguri“, „Alles Gute“, wünscht und dann einige Minuten mit ihm plaudert. Die eingeweihten Gäste freuen sich, dass die Überraschung gelungen ist. „Auf verschlungenen Wegen“, sagt einer, hätten sie den Papst kontaktiert.

Friseursalon für Obdachlose

Mitte Februar 2015 öffnet ein ganz besonderer Friseursalon am Petersplatz in Rom: Hier bekommen Obdachlose einen kostenfreien Haarschnitt. Der Salon ist allerdings nur montags geöffnet, wenn alle anderen Friseursalons in Rom Ruhetag haben. Dann arbeiten hier ehrenamtlich Friseure und Azubis, die sich als Freiwillige gemeldet hatten. Die Ausrüstung des Salons stammt aus Spenden. Der Almosenverwalter der Papstes, Erzbischof Krajewski, betont, dass es ebenso wie bei der Einrichtung von kostenlosen Duschen um die Menschenwürde der Bedürftigen gehe.

Nicht im Regen stehen lassen

Der römische Winter 2015 ist zwar mild, aber äußerst nass. Tagelang Regenwetter. Wer unbedingt raus muss, sollte zumindest einen Schirm dabei haben. Und wer keinen Schirm hat, zum Beispiel weil er generell nicht viel hat und vielleicht gar auf der Straße lebt, der hat Pech gehabt. Oder doch nicht? Papst Franziskus, der gern ganz pragmatisch für Hilfe sorgt, lässt 300 Regenschirme an Obdachlose rund um den Petersplatz verteilen. Die Schirme stammen übrigens aus aller Welt. Sie sind von Touristen in den Vatikanischen Museen liegen gelassen worden.

Wie löst man ein Problem?

Eine wirklich interessante Frage wird dem Papst von einem Schüler bei einem Treffen mit Jugendlichen Anfang Februar 2015 gestellt: Was tut Franziskus, wenn es Schwierigkeiten gibt? „Zuerst nicht wütend werden", sagt Franziskus spontan. „Dann: den Weg suchen, das Ganze durchzudenken und zu lösen. Und wenn ich es nicht überwinden kann, dann halte ich es aus, bis irgendwann eine Möglichkeit zur Lösung entsteht."

Das ein oder andere Problem – beispielsweise bei der Reform der Kurie – ist ihm da sicher schon untergekommen. Nun wissen wir: Er zügelt die Wut, denkt nach und hat im Notfall Geduld. Am Ende überwiegt sein Optimismus: „Wir sind dazu in der Lage, alles zu überwinden. Wir brauchen nur Zeit, um zu verstehen, Intelligenz, um den Weg zu suchen, und Mut, um vorwärts zu gehen."

Papst für Prügelstrafe?

Das ist einer der Fälle, vor denen Vatikansprecher Lombardi in ständiger Furcht lebt: Der Papst sagt spontan etwas, das missverständlich oder „politisch unkorrekt" ist, und er, Lombardi, muss die Sache ausbaden: erklären, was der Papst gemeint hat und was nicht. Um solche Situationen zu vermeiden, haben Spitzenpolitiker Redenschreiber. Der Papst hat zwar auch meist ein Manuskript mit einer vorbereiteten Ansprache oder Predigt. Aber viel lieber lässt er das beiseite und redet spontan. In diesem Fall verheerend. Bei der Generalaudienz am 4. Februar 2015 berichtet er von einem Vater, der sagte: „Manchmal muss ich den Kindern einen Klaps geben ... aber nie ins Gesicht, um sie nicht zu erniedrigen." Die Meinung des Papstes: Dieser Vater macht es richtig. Wenn er bestrafen muss, macht er das „auf die richtige Weise, und er geht weiter“. Ein Aufschrei geht durch die Presse; auch Kirchenvertreter und Pädagogen widersprechen heftig. Und Lombardi hat alle Hände voll zu tun: Nein, der Papst habe nicht Eltern dazu aufgefordert, ihre Kinder zu schlagen. Franziskus habe Kinder wirklich sehr gern! Manchmal ist er um seinen Job wirklich nicht zu beneiden.

Spontanbesuch im Flüchtlingslager

Am Sonntag, den 8. Februar 2015, ist Papst Franziskus eigentlich unterwegs in eine Gemeinde im nördlichen Rom. Die Fahrt beginnt ganz unkompliziert; Franziskus ist mit seinem unauffälligen dunkelblauen Ford Focus unterwegs. Auf dem Weg zur Gemeinde San Michele Arcangelo lässt er aber spontan den Wagen anhalten und steigt aus. Vor einem Flüchtlingslager. Was nun folgt, ist ein Albtraum für seine Sicherheitsleute. Flüchtlingslager gelten als soziale Brennpunkte.
Das Lager besteht aus provisorischen Baracken und Hütten. Hier leben zahlreiche Flüchtlinge aus Afrika und Lateinamerika, aber auch viele Sinti und Roma. Der unangekündigte Besucher verhält sich allerdings völlig unbekümmert. Er unterhält sich mit den Menschen, erkundigt sich nach einzelnen Schicksalen. Und vor der Weiterfahrt segnet er die Flüchtlinge.

Ein Dank für die Küstenwache

Es ist nicht viel, was über diese Begegnung nach außen dringt. Dabei dauert das Treffen immerhin eine Dreiviertelstunde – so viel Zeit hat der Papst nicht einmal für jeden Regierungschef übrig. Am Abend des 17. Februar 2015 trifft Papst Franziskus Mitglieder der italienischen Küstenwache in der Casa Santa Marta, wo er selbst wohnt. Sie berichten von ihren Einsätzen vor der Küste von Lampedusa, wo sie häufig unter schwierigsten Bedingungen Bootsflüchtlinge retten, die aus Afrika nach Europa fliehen. Franziskus dankt ihnen für ihre Arbeit. Genaueres erfährt die Öffentlichkeit nicht. Aber man ahnt: Die Reise nach Lampedusa zu Beginn seines Pontifikats war kein Schnellschuss. Das Schicksal der Flüchtlinge verliert Franziskus nicht aus den Augen.

Komplizierte Truppe

Zu Beginn der Fastenzeit 2015 begibt sich der Papst wie schon im Jahr zuvor mit der Spitze der Kurie zu Fastenexerzitien in die Albaner Berge. Mit etwa 70 Mitarbeitern nimmt er sich eine echte Auszeit für Stille, Meditation und Gebet. Kenner

des Papstes verstehen diese geistlichen Übungen außerhalb des Vatikans auch als Teil der Kurienreform, einer Reform „von innen".
Exerzitienmeister ist in diesem Jahr der italienische Karmelit Bruno Secondin, ein emeritierter Dozent für moderne Spiritualität an der Päpstlichen Universität Gregoriana. Am Ende der Exerzitien bedankt sich Franziskus bei ihm mit den Worten: „Es ist nicht leicht, Exerzitien für Priester zu halten. Wir sind alle etwas kompliziert, aber Ihnen ist es gelungen, Samen auszustreuen."

James Bond und Franziskus

Anfang März 2015 müssen sich Verkehrsteilnehmer auf wiederholte Behinderungen rund um den Vatikan einstellen: Mehrere Buslinien werden umgeleitet, Straßen werden gesperrt. Schuld daran sind Geheimagent 007 und der Papst. Ganz in der Nähe des Vatikans werden zu dieser Zeit Szenen für den 24. James-Bond-Film „Spectre" gedreht. Details zur Handlung sind da natürlich streng geheim.
Und auf welcher nicht ganz so geheimen Mission ist Franziskus? Er besucht zwei Pfarren in Rom: die Chiesa di Ognissanti und eine Vorstadt-Pfarre im römischen Brennpunktviertel Tor Bella Monaca, wo es viel Drogenkriminalität gibt. Dort warnt

er die Menschen davor, dem organisierten Verbrechen ins Netz zu gehen, das arme Menschen für die „Drecksarbeit“ ausnutze. Und arm sind tatsächlich nicht wenige Menschen in diesem Viertel. Das haben sie, wie Franziskus betont, mit Jesus gemeinsam.
Überraschenderweise scheint es fast, als seien James Bond und Franziskus in diesen Tagen auf ähnlicher Mission im Kampf gegen das Verbrechen unterwegs. Der eine allerdings schwer bewaffnet und mit special effects, der andere mit einer Botschaft.

Fußballstadion „Franziskus“

Auf das Mitglied mit der Ausweisnummer 88234 sind die Spieler und die übrigen Vereinsmitglieder von San Lorenzo besonders stolz. Seit dieses Clubmitglied zum Papst gewählt wurde, ist der Fußballverein aus Buenos Aires wie beflügelt. Im Sommer 2014 feiert er den größten Sieg in der Clubgeschichte und gewinnt die Copa Libertadores de América, das südamerikanische Gegenstück zur europäischen Champions League. Vor dem Spiel sagt Msgr. Guillermo Karcher, ebenfalls Argentinier und einer der päpstlichen Zeremoniäre, in einem Radiointerview, der Papst werde sicher für San Lorenzo beten. Nach dem Sieg steht für die Fans dann auch fest:

Franziskus hat San Lorenzo „zum Sieg gebetet". Der Papst selbst erfährt davon während seiner Korea-Reise und erinnert sich, wie er als Kind mit der ganzen Familie – „auch Mutter kam mit uns" – die Spiele des Clubs live im Stadion gesehen hat. Über den Triumph seines Lieblingsclubs sagt er: „Mit Freude erlebe ich das, mit Freude." Ein halbes Jahr später, im Frühjahr 2015, beschließt „San Lorenzo", sein neues Fußballstadion nach Papst Franziskus zu benennen.

Interview mit Straßenzeitung

Interviews mit dem Papst gibt es in schöner Regelmäßigkeit. Dieses ist aber doch ein Besonderes. Er gibt es nämlich nicht einer der großen internationalen Zeitungen oder Radiosender, sondern einer kleinen Straßenzeitung aus einem Armenviertel von Buenos Aires, das als „Villa Carcova" berüchtigt ist. Der Pfarrer des Viertels, Jose Maria di Paolo, kennt den Papst von früher. „Padre Pepe", wie er von den meisten genannt wird, ist einer der Priester, die Bergoglio damals in die Armenviertel der Metropole gesandt hat.
Nun hat Padre Pepe die Fragen der Einwohner gesammelt und an Papst Franziskus übermittelt. Das Ergebnis erscheint als großes Interview in der Stra-

ßenzeitung. Die Fragen und Themen sind dabei nicht neu. Es geht um Drogenprobleme, um Wertevermittlung in der Familie, um den Wahlkampf in Argentinien ... Besorgt fragt einer nach Gerüchten, dass es Fanatiker gibt, die den Papst ermorden wollen. Papst Franziskus setzt da, wie er sagt, ganz auf Gottvertrauen. Falls es allerdings Gottes Wille sei, dass ihm etwas geschehe, so bitte er nur um einen Gefallen: „dass es mir nicht weh tut. Denn ich bin sehr feige im Aushalten von körperlichem Schmerz."

Heiliges Jahr der Barmherzigkeit

Vom Papst ausgerufene „Heilige Jahre" gibt es seit dem Mittelalter immer wieder einmal – regulär in sehr großen Abständen von 25 Jahren. Das letzte „ordentliche" Heilige Jahr war 2000. Nun hätte man mit etwas Geduld bis 2025 warten können. Aber manche Dinge schiebt Franziskus lieber nicht auf die lange Bank. Ein Thema, das für ihn keinen Aufschub duldet, ist die Barmherzigkeit.

Seit Beginn seines Pontifikats ist Barmherzigkeit eins seiner Schlüsselworte. Und Papst Franziskus möchte, dass sie stärker gelebt wird, in allen Gesellschaftsbereichen. Die göttliche Barmherzigkeit solle die Menschen anspornen, selbst barmherzig zu sein. In einer Bußandacht am 13. März 2015 sagt Franziskus, bevor er mit vielen anderen Priestern Einzelbeichten hört, dass er beschlossen habe, ein Heiliges Jahr der Barmherzigkeit auszurufen. Dann fügt er hinzu: „Und das gilt besonders für die Beichtväter! Ganz viel Barmherzigkeit!“

Unter Kollegen

Lang vor seinem Leben als Papst war Jorge Bergoglio von Beruf Lehrer. Mitte der 1960er Jahre unterrichtete er als junger Mann Literatur und Psychologie am Jesuitenkolleg in Santa Fé und Buenos Aires. Bei einem Treffen mit Lehrern Mitte März 2015 begrüßt Papst Franziskus dann auch die versammelte Menge als „liebe Kollegen und Kolleginnen“ und erinnert sich kurz an die schöne Zeit im Klassenzimmer. Was dann folgt, ist eine regelrechte Katechese für Lehrer:

„Du sollst den Herrn, deinen Gott, lieben und du sollst deinen Nächsten lieben. Wir können uns fragen: Wer ist für einen Lehrer der Nächste? Der ‚Nächste‘ sind seine Schüler!“ Franziskus ruft dazu auf, gerade die schwierigsten Schüler noch mehr zu lieben. „Jesus würde sagen: Wenn ihr nur die liebt, die fleißig lernen, worin besteht dann euer Verdienst? Und es gibt manche Schüler, die einen die Geduld verlieren lassen, aber diese sollen wir am meisten lieben!“

Zum Schluss regt er dazu an, die didaktischen Kompetenzen regelmäßig auf den neuesten Stand zu halten, auch neue Technologien zu nutzen. Wichtiger als das sei aber, menschliche Werte zu vermitteln und „Verhaltensweisen, die in der Gesellschaft Harmonie erzeugen“.

Fan-Magazin „Mein Papst“

Ob die Welt diese Zeitschrift braucht, ist so eine Frage, an der sich die Geister scheiden. Seit etwa einem Jahr gibt es das italienische Hochglanzmagazin „Il mio Papa“ (Mein Papst), die weltweit erste Papst-Zeitschrift, als im März 2015 die deutsche Version auf den Markt kommt. Der Panini Verlag ist sonst eher für Sammelalben zu Fußball-Weltmeisterschaften, Comics und Jugendbücher bekannt. Deshalb verwundert es nicht, dass es in dem Heft keineswegs um aktuelle Diskussionen in der Kirche geht, sondern ausschließlich um Unterhaltung: neben Fotostorys aus dem Leben des Papstes, Kochrezepten (in der ersten Ausgabe: Lammkotelett mit Pfannengemüse) und Kreuzworträtseln findet man pro Heft auch zwei Papst-Poster.

„Blutwunder“ in Neapel

Franziskus hat durchaus Sinn für Volksfrömmigkeit. Allerdings auch einen eigenen Sinn für Humor, mit dem er andere, aber auch sich selbst bei Bedarf auf die Schippe nimmt. Als er am 21. März 2015 beim Pastoralbesuch in Neapel Ordensleute trifft, legt er erst einmal die vorbereitete Ansprache beiseite und spricht lieber frei. Dann – die Begegnung findet im Dom statt – folgt die Verehrung der Blutreliquie des hl. Januarius. Zu bestimmten Terminen kommt es dabei zum „Blutwunder“, bei dem sich das Blut in der Ampulle verflüssigt. Diesmal geschieht das außerplanmäßig auch. Oder zumindest zum Teil. Mit einem Lachen kommentiert Papst Franziskus: „Der Erzbischof hat gesagt, dass das Blut zur Hälfte verflüssigt ist: Man sieht, dass der Heilige uns zur Hälfte liebt. Wir müssen uns alle etwas bekehren, damit er uns mehr liebt.“

Korruption stinkt

Bei seinem Pastoralbesuch in Pompeji und Neapel am 21. März 2015 zieht Franziskus erneut gegen das organisierte Verbrechen zu Felde. In der Mafia-Hochburg vergleicht er die Camorra mit einem verwesenden Tierkadaver, der nicht nur hässlich aussieht, sondern auch stinkt. „Die Korruption stinkt! Die korrupte Gesellschaft stinkt! Ein Christ, der Korruption bei sich zulässt, stinkt!“

Auf dem Programm steht neben einer Begegnung mit Jugendlichen und einem großen Gottesdienst auch ein Besuch im einem der größten Gefängnisse Italiens, gelegen in Neapels Stadtteil Poggioreale. Es ist berüchtigt wegen seiner schlechten Haftbedingungen für Immigranten und völlig überfüllt. Etwa doppelt so viele Häftlinge wie eigentlich vorgesehen, sind hier untergebracht. Auf ausdrücklichen Wunsch des Papstes isst er hier mit den Gefangenen auch zu Mittag. Eine Umkehr, so betont er vor den Häftlingen, sei für jeden Menschen möglich, denn nichts kann von der Liebe Gottes trennen, „auch nicht die Gitter eines Gefängnisses“.

IV. Immer für eine Überraschung gut

„Papst Franziskus finde ich gut.
Der schlägt ein neues Kapitel auf.
Und er hat Humor."

Alfred Biolek

Papst Franziskus ist ein Mann,
der von vornherein klar gemacht hat,
dass er Dinge, die er anders sieht,
auch anders anpackt.

Erzbischof Georg Gänswein

Exklusive Museumsführung

Für 150 Obdachlose ist es vermutlich das erste Mal in ihrem Leben, dass sie die Vatikanischen Museen von innen sehen. Sonst verbringen sie den Tag auf dem Petersplatz und Umgebung. An diesem Donnerstagabend Ende März 2015 aber sind sie zu einer kostenlosen und exklusiven Führung eingeladen. Für andere Besucher wird die Sixtina ausnahmsweise ab 16 Uhr geschlossen. Papst Franziskus begrüßt jeden Einzelnen persönlich. „Willkommen! Dies ist ein Haus für alle, es ist euer Haus", sagt er. Nach der Führung durch die Museen und Vatikanischen Gärten gibt es für alle ein gemeinsames Abendessen im Restaurant der Vatikanischen Museen.
Gut möglich übrigens, dass der Papst die Museen an diesem Tag ebenfalls zum ersten Mal sieht. Nur wenige Monate zuvor hatte er in einem Interview mit der römischen Tageszeitung „Il Messaggero" zugegeben, dass er zwar die Sixtinische Kapelle vom Konklave her kenne, aber noch nie in den Vatikanischen Museen gewesen sei.

Papst büxt aus

Christoph Graf ist seit Februar 2015 Chef der Schweizergarde. Vom Elan und Reformwillen des

Papstes ist er beeindruckt. Bei der Schweizergarde selbst hält der Kommandant Veränderungen aber nicht für nötig. Auf die Frage in einem Interview mit der Aargauer Zeitung, was er seit seinem Dienstantritt verändert habe, sagt er schlicht: „Ich habe im Innenhof Grünpflanzen entfernt, es hatte zu viele." Kommandant Graf gibt zu, dass es nicht ganz einfach ist, für die Sicherheit des Papstes zu sorgen, besonders wenn er bei Fahrten durch die Menge spontan das Papamobil anhalten lässt oder bei Auslandsreisen ein „Bad in der Menge" nimmt. Manchmal kommt es da zu kritischen Situationen. Und auch sonst ist die Schweizergarde stärker gefordert als bei früheren Päpsten: „Innerhalb des Vatikans wissen wir nicht immer, wo er ist – das gab es vorher nie. Selbst dass er den Vatikan inkognito verlässt, ist gut möglich."

Der Hefter für Unliebsames?

Gern wird in den Medien das Bild vom unkonventionellen, reformwilligen Papst auf der einen und einer verkrusteten Kurie auf der anderen Seite heraufbeschworen. Ein Körnchen Wahrheit mag dran sein, auch wenn die Betroffenen dieser Sicht natürlich widersprechen. Einzelne Kardinäle müssen regelmäßig als Papst-Gegner herhalten, so etwa

Kurienkardinal Gerhard Ludwig Müller, Chef der Glaubenskongregation.

Mit Papst Franziskus habe er „keine großen Differenzen", sagt Kardinal Müller auf Nachfragen. „Diese Vorstellung, wir seien Kontrahenten, liefert den Journalisten natürlich unendlichen Stoff. Aber der Papst nimmt das nicht ernst." Auch dass der Papst einen Hefter habe, in dem er Schreiben aus der Glaubenskongregation einfach abhefte und dann weiter mache wie zuvor, sei erfunden, meint Kardinal Müller und schiebt einen Satz nach, der dann doch aufhorchen lässt: „Ich habe ihn extra gefragt."

Die Papst-Diät

Ausgerechnet zum Ende der Fastenzeit wird Papst Franziskus auf Diät gesetzt! Seit Beginn seiner Amtszeit hat er ein paar Kilo zugelegt, und mit Blick auf ein wiederkehrendes Ischias-Leiden verordnen ihm Ärzte eine Diät. Pizza, Pasta und gern auch mal etwas Süßes: Franziskus ist den leiblichen Genüssen nicht abgeneigt. Die Vorlieben des Papstes sind natürlich bekannt. Bei Generalaudienzen bringen ihm Besucher aus Argentinien immer wieder landestypisches Gebäck aus der alten Heimat mit. In Neapel beliefert der Pizzabäcker

Enzo Cacialli den Papst sogar während der Fahrt und bringt eine Pizza Margherita belegt mit gelben Cherry-Tomaten und Büffelmozzarella und mit der Aufschrift „Viva il Papa“ direkt ans Papamobil. Liebe geht eben auch durch den Magen.

20 Millionen Follower bei Twitter

Der Papst ist ein Shootingstar bei Twitter. Aus den anfänglich drei Millionen werden innerhalb von zwei Jahren 20 Millionen Menschen, die seine Kurznachrichten lesen. Die meisten Fans hat der Papst in spanisch- und englischsprachigen Ländern. Damit belegt er Platz 35 in der Liste der meist gelesenen Twitter-Accounts. Um ihn herum internationale Stars der Musik und prominente Sportler. Den Nachrichten von US-Präsident Obama folgen immerhin 60 Millionen Leser, aber Bill Gates hat nur noch einen Vorsprung von 1 Millionen Abonnenten vor dem Papst. Einer Studie zufolge ist Franziskus sogar der einflussreichste Twitterer überhaupt, weil seine Nachrichten besonders oft von den Followern als Retweets weiterverbreitet würden – acht Mal so oft wie die von Barack Obama.

Georg Ratzinger wundert sich

Eine Frage, die immer wieder auftaucht, besonders bei überraschenden Aktionen oder Äußerungen von Papst Franziskus: Was wird wohl Benedikt XVI. dazu sagen? Offiziell äußert sich der Papst emeritus nicht, und so bekommt man nur selten einen Einblick. So etwa bei einem Interview mit dem Bruder Georg Ratzinger in der Passauer Neuen Presse im April 2015. Da bestätigt er das, was man bei den gelegentlichen Begegnungen beider Päpste als freundschaftliches, ja geradezu herzliches Verhältnis erlebt, gibt aber auch zu: Einiges am Stil dieses Papstes findet er selbst „etwas ungewöhnlich“.

Papst als Vorreiter

Als Papst Franziskus im April 2015 den Völkermord des Osmanischen Reichs an den Armeniern als solchen benennt und tatsächlich das Wort „Genozid“ in den Mund nimmt, reagiert die Türkei natürlich entsprechend ungehalten. Bis zu 1,5 Millionen Armenier waren während des Ersten Weltkriegs – wohl als Teil einer gezielten Vernichtungskampagne – ermordet worden. Auf internationaler Ebene war bis dahin diese Bezeichnung vermieden worden, um die Beziehungen zur Türkei nicht zu belasten. Und nun das! Als „Unsinn" bezeichnet Erdogan die Worte des Papstes und warnt ihn scharf. Es gibt sogar Morddrohungen gegen den Papst. Doch einmal ins Rollen gebracht, lässt sich der Stein nicht mehr aufhalten. In den nächsten Wochen ziehen auch in Deutschland immer mehr Politiker wie Bundespräsident Gauck oder Bundestagspräsident Lammert nach und schließen sich den deutlichen Worten des Papstes an und sagen: Ja, das war tatsächlich ein Völkermord.

Ein Telefonstreich?

Der Italiener Franco Rabuffi ist einigermaßen verärgert, als ein unbekannter Anrufer sich als Papst Franziskus ausgibt – und hängt einfach auf. Doch der Fremde lässt sich so leicht nicht abwimmeln und ruft gleich wieder an. Nun gut, manche dieser Spaßvögel sind eben hartnäckig. Rabuffi hängt ein zweites Mal auf. Als aber das Telefon zum dritten Mal klingelt und die Stimme am anderen Ende der Leitung immer noch behauptet, dass hier der Papst spreche, kommen ihm doch langsam Zweifel am vermeintlichen Telefonstreich. Rabuffi hört zu und muss zu seinem Entsetzen feststellen, dass er gerade zwei Mal den Heiligen Vater recht unfreundlich abgewiesen hat. „Mir blieb die Stimme weg, aber Franziskus half mir und sagte, dass er den Vorfall lustig fand“, schildert er später das peinliche Geschehen.

Der Grund für den Anruf klärt sich rasch auf: Franziskus wollte dem kranken Mann am Telefon Mut zusprechen. Rabuffi hatte selbst in einem Brief an den Papst von seiner Erkrankung geschrieben, aber nie mit einer persönlichen Reaktion gerechnet. Am Ende des nun doch zustande gekommenen seelsorgerlichen Gesprächs lädt Papst Franziskus Rabuffi und seine Frau zur nächsten Generalaudienz ein. Dort gibt es eine herzliche Umarmung, und Rabuffi nutzt die Gelegenheit, um sich beim Papst zu entschuldigen.

Angesabbertes Papstgeschenk

Privataudienzen beim Papst laufen nach einem recht starren Protokoll ab. Die schwedische Königin Silvia hält sich streng daran: schwarze Kleidung und einen schwarzen Schleier trägt sie, auch wenn letzterer nicht mehr Pflicht ist, und bringt repräsentative Geschenke ohne praktischen Nutzen mit (Kristallvase mit königlichem Wappen!). Der Papst überreicht im Gegenzug ein Medaillon und sein Schreiben „Evangelii gaudium“.

Völlig unbeeindruckt vom Protokoll ist Leonore, die einjährige Enkelin der schwedischen Königin. Sie sitzt während der Audienz auf Omas Schoß und spielt mit dem päpstlichen Medaillon, steckt es in den Mund, sabbert ein wenig dran herum, stellt fest, dass es ihr nicht schmeckt, und gibt es dem freundlichen Mann in Weiß zurück. Papst Franziskus ist „sehr amüsiert“, wie Radio Vatikan berichtet. Das Protokoll war ihm vielleicht auch selbst etwas zu steif.

Unkraut vergeht nicht

Mit der radikal-liberalen Politikerin Emma Bonino dürfte Papst Franziskus nicht ganz so viele Berührungspunkte haben. Immerhin begann ihre politische Karriere mit dem Kampf für die Legalisierung von Abtreibungen. Bis Februar 2014 war sie italienische Außenministerin, zuvor EU-Kommissarin. Im Januar 2015 macht sie ihre Erkrankung an Lungenkrebs öffentlich; sie müsse sich einer mindestens sechsmonatigen Chemotherapie unterziehen. Im Frühjahr sieht man ihr die Nebenwirkungen der Chemotherapie deutlich an. Wegen des Haarausfalls trägt sie modisch um den Kopf geschlungene Tücher oder Mützen.

Dann Anfang Mai ein völlig unerwarteter Anruf aus dem Vatikan, der sie überrascht und sehr erfreut: Der Papst erkundigt sich nach ihrem Gesundheitszustand und ermutigt sie, durchzuhalten und weiter zu kämpfen, denn „Unkraut vergeht nicht".

Papst-Schelte zur Expo

Die Expo 2015 in Mailand ist ein Megaevent. So viele Staaten wie nie zuvor sind bei der Weltausstellung vertreten. Gleichzeitig ist die Veranstaltung höchst umstritten. Immense Kosten und Korruptionsskandale rufen Kritiker auf den Plan. Das Thema der Expo: Ernährung. Dabei wird die Frage nach dem globalen Hunger nicht nur fast ausgeklammert, Konzerne wie Ferrero, McDonald's, Nestlé und Coca Cola gehören auch noch zu den Hauptsponsoren. Ausgerechnet also solche Unternehmen, die für globale Ungerechtigkeiten in Sachen Ernährung mitverantwortlich sind.

Bei der glanzvollen Eröffnung der Expo am 1. Mai 2015 kommt es dann zu einem Eklat. Ausgerechnet der Papst versalzt den anwesenden Spitzenpolitikern die Suppe. Nachdem Ministerpräsident Matteo Renzi die Weltausstellung in den höchsten Tönen lobt, meldet sich Franziskus per Video-Liveschaltung aus dem Vatikan zu Wort. Was nun folgt, ist eine sehr direkte, harsche Kritik: „Millionen von Menschen werden heute nicht genug essen", sagt er und kritisiert auch die Veranstaltung selbst als Teil einer „Kultur des Überflusses, des Wegwerfens“. Die Gesichter der Hungernden, so der Papst, sollten im Zentrum der Weltausstellung stehen. Auf den Gesichtern der anwesenden Politprominenz spiegelt sich unangenehme Überraschung. Es ist ein „vergifteter Gruß“, wie der kirchliche Radiosender Domradio berichtet.

Überraschungssegen für die Schweizergarde

Die Schweizergarde hat es im Frühjahr 2015 nicht einfach. Seit Monaten machen immer wieder Gerüchte die Runde. Grund ist zunächst der anstehende Abschied des Chefs der Schweizergarde, Daniel Anrig. Franziskus sei mit seinem Führungsstil nicht einverstanden, heißt es. Außerdem sei die Wohnung des Schweizergardechefs zu pompös. Deswegen habe er ihn „gefeuert“. In einem Interview mit der argentinischen Zeitung „La Nacion“ räumt Franziskus allerdings selbst mit den Gerüchten auf. Es handle sich um einen ganz normalen Wechsel, denn Anrigs fünfjähriges Mandat sei bereits abgelaufen. Und die Wohnung sei auch nicht zu groß; schließlich habe Anrig eine Fami-

lie mit vier Kindern. Dennoch machen sich einige Gardisten wohl Sorgen um ihre Zukunft. Im Dezember 2014 starten sie eine Petition, um Franziskus dazu zu bewegen, dass er sich klar zu seiner päpstlichen Leibwache bekennt.
Mögliche Zweifel an der Wertschätzung des Papstes für die Schweizergarde verfliegen aber spätestens am 1. Mai 2015. Da besucht Franziskus überraschend das Quartier der Gardisten. Nach einer kurzen Ansprache über Mut und Demut, die die Schweizergardisten bräuchten, segnete er alle Gardisten samt ihrem neuen Kommandanten. Drei Tage später, kurz vor der Vereidigung der neuen Gardisten, trifft er sie und ihre Familien noch einmal und bittet sie, zu Pilgern im Vatikan immer freundlich zu sein. Und er empfiehlt, während der Ehrenwache öfter mal zu beten.

„Liebe Kinder und liebe Nichtkinder“

Im Mai 2015 trifft Franziskus 7000 Grundschulkinder in der vatikanischen Audienzhalle. Sie kommen im Rahmen der italienischen Bildungsinitiative „Fabbrica della pace“ (Friedensfabrik) und überreichen dem Papst einen Arbeiterhelm, denn

„du bist unser Spezial-Arbeiter, jetzt bist du fertig, willkommen in der Friedensfabrik!" Papst Franziskus nimmt den fröhlichen Ton sofort auf, lässt wieder einmal den offiziellen Redetext weg und redet frei von der Leber weg. „Liebe Kinder und liebe Nichtkinder", begrüßt er seine Gäste mit Blick auf die anwesenden Lehrer und Erzieher.
Anschließend nimmt er sich viel Zeit, die Fragen der Kinder zu beantworten. Ob er sich früher auch so oft mit seinen Geschwistern gestritten habe, wollen sie beispielsweise wissen. Das habe er tatsächlich, gesteht der Papst und gibt gleich Tipps, wie man sich wieder versöhnen kann.
Etwas ernster reagiert er, als die Sprache auf behinderte Kinder kommt. Diese Bezeichnung „behindert" gefalle ihm nicht. Stattdessen solle man lieber sagen, ein Kind habe „andere Fähigkeiten". „Alle haben die Fähigkeit, uns etwas zu geben und etwas zu tun."

Kubas Staatschef ist begeistert

Dass Raúl Castro am 10. Mai 2015 im Vatikan empfangen wird, ist Teil einer längeren diplomatischen Vermittlung von Papst Franziskus zwischen den USA und Kuba. Bereits Monate zuvor hat er die beiden Staaten zur gegenseitigen Annäherung angeregt. Im September 2015 plant Franziskus

auf dem Weg in die USA einen Zwischenstopp auf Kuba ein.
Raúl Castro, der selbst einst Schüler einer Jesuitenschule war, äußert sich nach dem langen Gespräch regelrecht begeistert. Wenn dieser Papst so weitermache, könne es sein, dass er, Castro, wieder anfange zu beten und vielleicht sogar wieder in die Kirche eintrete. Eine Papstmesse im September auf Kuba würde er sich auf keinen Fall entgehen lassen. Und falls der Papst gar mehrere Messen feiere, würde er mit großer Freude zu jeder einzelnen gehen.

Manager lernen vom Papst

Unvergessen die Weihnachtsansprache des Papstes 2014, in der er der Kurie den Spiegel vorhält und 15 Krankheiten aufzählt, an der sie leidet. Diese Ansprache wirkt lange nach, und zwar nicht nur in der Kurie. Ein halbes Jahr später übernimmt der einflussreiche amerikanische Management-Professor und Unternehmensberater Gary Hamel diese Liste für Führungskräfte in der Wirtschaft. Sein Argument: Die Mechanismen und menschlichen Verhaltensweisen in der Kirchenbürokratie und in einem Wirtschaftsunternehmen sind sich im Grunde ähnlich. Auch Manager haben große Verantwortung für andere Menschen. Warum also nicht beim

Papst „Rat holen und sich von seiner Lebensweisheit inspirieren lassen"? Besonders wenn dieser so gut Klartext reden kann.

„Ich habe im Lauf meiner Karriere schon viele Managementexperten die Eigenschaften hervorragender Führungskräfte herunterbeten hören; doch nur selten wird offen über die ‚Krankheiten' des Managements gesprochen. Der Papst ist in dieser Hinsicht weniger zurückhaltend", so Hamels Einschätzung. Er adaptiert die Papstansprache für weltliche Führungskräfte, warnt vor Krankheiten wie Planungswut, Eitelkeit und „Alzheimer des Managements", die eine „Gefahr für jede Führungskraft und jede Organisation" sind. So wird Franziskus auf Umwegen also sogar zum Unternehmensberater.

Wir sind eine Familie

Das Konzert, das im Vatikan am 14. Mai 2015 erklingt, ist ein ganz besonderes. Und das nicht so sehr wegen des ausgesucht guten Programms – es erklingen Stücke, die mit dem großen Dichter Dante Alighieri zu tun haben – oder wegen der namhaften Musiker, sondern wegen der Gäste in den ersten Reihen der Audienzhalle. Dort sitzen

an diesem Abend nicht etwa Kardinäle und Bischöfe, auch keine prominenten Staatsgäste aus aller Welt, sondern Bedürftige. Über 2000 arme Menschen aus ganz Rom sind gekommen, darunter auch zahlreiche Flüchtlinge und Obdachlose. Sie bekommen auf Wunsch von Papst Franziskus die Ehrenplätze.
Der Eintritt ist frei. Die übrigen Gäste, die nicht arm sind, werden allerdings um eine Spende für karitative Zwecke gebeten. Einige der Obdachlosen tragen T-Shirts mit der Aufschrift „Wir sind eine Familie, die für dich betet". Ein Mann erklärt: „Das hat uns Papst Franziskus geschenkt. Jeder, der unter den Kolonnaden auf dem Petersplatz die Duschen für Obdachlose benutzt, bekommt so ein T-Shirt."

Bitte redet verständlich!

Bei der Eröffnung der Generalversammlung der italienischen Bischofskonferenz gibt es von Papst Franziskus einige ganz konkrete Empfehlungen, die man auch als versteckte Kritik verstehen kann. Die Bischöfe sollen mutiger Missstände wie Korruption im Land benennen, sich stärker für Laien und Ordensleute einsetzen. Und außerdem eine verständliche Sprache benutzen. Die Dokumente der Bischofskonferenz sollten nicht so formuliert sein, dass nur Spezialisten und Theologen sie verstehen. Das sei Teil der „kirchlichen Sensibilität“.

„Ich bin eher tollkühn“

Ein paar ungewöhnliche Einblicke in sein Leben gewährt Franziskus in einem Interview, das Ende Mai 2015 in der argentinischen Zeitung „La Voz del Pueblo“ erscheint. Beispielsweise erzählt er, dass er schon seit 1990 kein Fernsehen mehr geschaut habe, weil er das der Jungfrau von Carmelo versprochen habe. Wenn man ehrlich ist, hat er da nicht viel verpasst. Stattdessen informiert er sich über das aktuelle Tagesgeschehen durch tägliche Zeitungslektüre. Zehn Minuten nimmt er sich jeden Morgen für die italienische „La Reppublica“. Über die Ergebnisse seines Fußballvereins „San Lorenzo“ informiert ihn wöchentlich ein Schweizergardist.
Außerdem gibt der Papst zu, was viele schon geahnt haben: Die Worte seiner spontanen Ansprachen überlege er nicht immer sorgfältig genug: „Das verursacht mir manchmal schöne Kopfschmerzen, weil mir ein Wort zu viel rausgerutscht ist“, sagt er mit einem Lächeln und fasst zusammen: „Ich bin eher tollkühn.“

V. Best of Franziskus

Papst Franziskus ist unberechenbar
und voller Überraschungen,
angstfrei und liebenswürdig.
Oftmals redet er recht ungeschminkt,
manchmal sogar drastisch.

Bischof Gerhard Feige

Ich habe alle Reden des Papstes gelesen.
Kein Witz, wenn der Papst weiter so redet,
dann fange ich früher oder später
wieder an zu beten
und trete wieder der katholischen Kirche bei.

Raúl Castro, kubanischer Staatspräsident

Die kraftvolle Sprache des Papstes rüttelt wach.

Rainer Maria Kardinal Woelki

Einzelgänger können nicht gewinnen

Einzelgänger im Fußball zu sein, niemals abzuspielen, bedeutet ein Hindernis für den Erfolg des Teams. Wenn wir in der Gesellschaft Einzelgänger sind und die Menschen um uns herum ignorieren, dann leidet die gesamte Gesellschaft darunter.

Videobotschaft zur Eröffnung der Fußball-WM 2014

Worte, Worte, Worte

Wir verfügen über viele Informationen und Statistiken bezüglich der Armut und des menschlichen Leids. Es besteht die Gefahr, höchstinformierte und oberflächliche Zuschauer dieser Realität zu sein, oder auch schöne Reden zu halten, die mit mündlichen Lösungen und einem Desinteresse gegenüber den wirklichen Problemen enden. Zu viele Worte, zu viele Worte, zu viele Worte! Es geschieht jedoch nichts! Das ist eine Gefahr. Worte haben wir viele gehört. Das, was wir brauchen, sind Taten.

Sonderaudienz für Mitglieder der Freiwilligenorganisation „Misericordie“, 14. Juni 2014

Macht ein Euro mehr dich glücklicher?

Es gibt eine erste Art von Schatz: Gold, Geld und allgemein Reichtümer. Du bist aber nie sicher damit, weil man es dir wegstehlen kann. Du bist aber auch nicht sicher mit Wertpapieren, denn bei einem Börsen-Crash könntest du alles verlieren! Und sag mal, bist du denn mit einem Euro mehr in der Tasche glücklicher? Reichtümer sind gefährliche Schätze ...

Frühmesse in der Sasa Santa Marta,
20. Juni 2014

Kirche ist nicht im Labor entstanden

Ja, die Priester gehören zur Kirche, aber die Kirche sind wir alle! Man darf sie nicht auf die Priester, auf die Bischöfe, auf den Vatikan beschränken ... Sie gehören zur Kirche, aber die Kirche sind wir alle. Wir sind alle eine Familie, alle von der einen Mutter. Und die Kirche ist eine sehr viel umfassendere Wirklichkeit, die nicht in einem Labor entstanden ist, die nicht von selbst entstanden ist.

Generalaudienz, 18. Juni 2014

„Schwester Jammer“

Die christliche Freude finden wir im Gebet, sie kommt aus dem Gebet und auch aus der Danksagung an Gott ... Aber es gibt Menschen, die Gott nicht zu danken wissen: sie suchen immer etwas, um sich zu beklagen. Ich kannte eine Ordensschwester – weit weg von hier! –, diese Schwester war gut, sie arbeitete ... Aber ihr Leben bestand darin, sich zu beklagen, über viele Dinge zu jammern, die geschahen ... Im Kloster nannten sie sie verständlicherweise „Schwester Jammer“. Aber ein Christ darf nicht so leben, indem er immer zu klagen sucht. Und es tut weh, Christen mit einem verbitterten Gesicht zu sehen, mit jenem ruhelosen Gesicht der Bitterkeit, das nicht im Frieden ist. Niemals, niemals hat ein Heiliger oder eine Heilige ein Gesicht wie bei einer Beerdigung gehabt, niemals!

Ansprache beim Pastoralbesuch in der römischen Pfarrei „San Giuseppe all'Aurelio“, 14. Dezember 2014

Herr, lass ihn auf einer Bananenschale ausrutschen!

Manchmal, wenn ich so einen Christen, so eine Christin gesehen habe, mit einem schwachen, unsteten Herzen, die nicht fest auf dem Felsen gründeten und die äußerlich sehr steif waren, habe ich den Herrn gebeten: Wirf ihnen eine Bananenschale vor die Füße, damit sie einen schönen Rutscher tun, sich schämen, Sünder zu sein und dadurch dann dir begegnen, dem Erlöser.

Frühmesse im Vatikanischen Gästehaus
Casa Santa Marta, 15. Dezember 2014

Manche denken, ich sei der Arzt

Kinder haben die Fähigkeit, zu lächeln und zu weinen. Manche lächeln, wenn ich sie aufnehme, um sie zu umarmen; andere sehen meine weiße Kleidung und meinen, ich sei der Arzt und würde kommen, um sie zu impfen, und weinen ... aber ganz spontan! So sind die Kinder: Sie lächeln und sie weinen, zwei Dinge, die in uns Großen oft „blockiert" sind, derer wir nicht mehr fähig sind ... Oft wird unser Lächeln zu einem Lächeln aus Pappe, zu etwas Leblosem, zu einem Lächeln, das nicht lebendig ist, oder auch zu einem künstlichen Lächeln, wie bei einem Clown. Kinder lächeln spontan und weinen spontan. Es hängt immer vom Herzen ab, und oft ist unser Herz blockiert und verliert die Fähigkeit zu lächeln, zu weinen. Die Kinder können uns also lehren, wieder zu lächeln und zu weinen.

Generalaudienz, 18. März 2015

Bischöfe ohne Verfallsdatum

Wir brauchen keine Bischöfe, die an der Oberfläche bleiben. Man muss in die Tiefe gehen ... Bitte, seid keine Bischöfe mit Verfallsdatum, die unentwegt ihre Anschrift ändern müssen, wie Arzneien, die ihre Heilkraft verlieren, oder wie diese geschmacklosen Lebensmittel, die man wegwerfen muss, weil sie nichts mehr taugen. Es ist wichtig, dass man die heilende Kraft nicht blockiert, die aus dem Innersten der Gabe quillt, die ihr empfangen habt.

Ansprache an die im Laufe des Jahres ernannten Bischöfe,
18. September 2014

Streit ist nichts Schlechtes

Ich habe die Synodenväter gebeten, sich offen und mutig zu äußern und demütig zuzuhören, mutig alles zu sagen, was ihnen am Herzen lag. In der Synode gab es keine vorhergehende Zensur, sondern jeder konnte – oder vielmehr sollte – das sagen, was er auf dem Herzen hatte, was er aufrichtig dachte.

„Aber das wird zu Streit führen." Das stimmt, wir haben gehört, wie die Apostel gestritten haben. Im Text heißt es: Es entstand ein heftiger Streit ... Wenn man in einer Synodenversammlung den Willen Gottes sucht, gibt es immer verschiedene Standpunkte und Diskussionen, und das ist nichts Schlechtes!

Generalaudienz, 10. Dezember 2014

Jeder trägt einen Schatz in sich

In jedem von euch gibt es eine Truhe, ein Kästchen, und darin befindet sich ein Schatz. Eure Arbeit besteht darin, diese Truhe zu öffnen, den Schatz herauszunehmen und ihn zu vermehren. Wenn wir ihn verschlossen halten, bleibt er verschlossen.

Wenn wir ihn mit den anderen teilen, dann vermehrt sich der Schatz mit den Schätzen, die von den anderen kommen. Was ich euch sagen möchte, ist, dass ihr den Schatz, den jeder hat, nicht verbergen sollt. Manchmal findet man ihn sofort, manchmal muss man dasselbe tun wie beim Spiel ‚Schatzsuche', man findet ihn nicht sofort. Aber wenn ihr ihn einmal gefunden habt, dann teilt ihn! Das ist es, was ich euch sagen möchte, Kinder. Geht voran! Was ihr an dem Ort, wo ihr euch befindet, tut, hilft auch uns allen zu verstehen, dass das Leben ein schöner Schatz ist, der aber nur Sinn hat, wenn wir es weiterschenken.

Botschaft an die Kinder zum Abschluss des 4. Weltkongresses der „Scholas Occurrentes", 5. Februar 2015

Jorge Mario Bergoglio – Franziskus

1936	Jorge Mario Bergoglio wird in Buenos Aires, Argentinien, geboren
	Ausbildung zum Chemietechniker
1956	Eintritt in das diözesane Priesterseminar
1958	Eintritt in den Jesuitenorden
1958-1963	Noviziat in Córdoba, Argentinien, geisteswissenschaftliches Grundstudium in Chile, Studium der Philosophie in San Miguel, Argentinien
1964-1966	Lehrer für Literatur und Psychologie am Jesuitenkolleg in Santa Fé und Buenos Aires
1967-1970	Theologiestudium in San Miguel, Argentinien
1969	Priesterweihe
1970-1971	Tertiat, letzte Ausbildungsstufe im Jesuitenorden, in der Nähe von Madrid in Spanien
1973-1979	Provinzial des Jesuitenordens in Argentinien
1980-1986	Rektor des Colegio Máximo San José in San Miguel, Theologieprofessor der Fakultäten für Philosophie und Theologie

1985	Zweimonatiger Sprachkurs am Goethe-Institut in Boppard, Deutschland
1986	Studienaufenthalt an der Philosophisch-Theologischen Hochschule Sankt Georgen in Frankfurt am Main
1986-1992	Seelsorger in Buenos Aires und Córdoba, Argentinien, als Spiritual und Beichtvater
1992	Ernennung zum Weihbischof in Buenos Aires, Bischofsweihe
1998-2013	Erzbischof von Buenos Aires
2001	Erhebung zum Kardinal, Generalrektor der 10. Ordentlichen Bischofssynode
2005-2011	Vorsitzender der Argentinischen Bischofskonferenz
2013	13. März: Wahl zum Papst 5. Juli: 1. Enzyklika „Lumen fidei“ Ende Juli: Reise zum Weltjugendtag in Rio de Janeiro 7. September: Tag des Fastens und Betens für den Frieden in Syrien 24. November: das Apostolische Schreiben „Evangelii Gaudium“ wird veröffentlicht
2014	26.-28. Mai: Pilgerreise ins Heilige Land

2014	13.-18. August: Reise nach Südkorea zum VI. Asiatischen Jugendtag
	21. September: Reise nach Albanien
	28.-30. November: Reise in die Türkei
	25. November: Ansprache im Europaparlament und im Europarat
	17. Dezember: Papst Franziskus feiert seinen 78. Geburtstag
2015	12.-19. Januar: Reise nach Sri Lanka und auf die Philippinen
	11. April: Franziskus ruft ein außerordentliches Heiliges Jahr der Barmherzigkeit aus.
	24. Mai: 2. Enzyklika „Laudato si' – Über die Sorge für das gemeinsame Haus“
	6. Juni: Reise nach Sarajevo